中学音乐与思政课程的融入研究

朱嘉玮　著

中国言实出版社

图书在版编目（CIP）数据

中学音乐与思政课程的融入研究 / 朱嘉玮著 . --
北京：中国言实出版社，2023.12
ISBN 978-7-5171-4718-3

Ⅰ.①中… Ⅱ.①朱… Ⅲ.①政治课—教学研究—
中学 ②音乐课—教学研究—中学 Ⅳ.①G633.202
②G633.951.2

中国国家版本馆 CIP 数据核字 (2024) 第 017182 号

中学音乐与思政课程的融入研究

责任编辑：宫媛媛
责任校对：邱　耿

出版发行：中国言实出版社
　　　　　地　　址：北京市朝阳区北苑路180号加利大厦5号楼105室
　　　　　邮　　编：100101
　　　　　编辑部：北京市海淀区花园路6号院B座6层
　　　　　邮　　编：100088
　　　　　电　　话：010-64924853（总编室）　010-64924716（发行部）
　　　　　网　　址：www.zgyscbs.cn　电子邮箱：zgyscbs@263.net

经　　销：新华书店
印　　刷：河北万卷印刷有限公司
版　　次：2024年3月第1版　2024年3月第1次印刷
规　　格：710毫米×1000毫米　1/16　12.75印张
字　　数：227千字

定　　价：98.00元
书　　号：ISBN 978-7-5171-4718-3

前　言

我们生活在一个充满变化和机遇的新时代，这个新时代既有独特的挑战，也有前所未有的机会。其中，教育是我们应对这个时代的挑战、掌握机会的关键。如何培养出具有全面素质、拥有深厚国家认同感和社会责任感的新时代青年，是我们每一个教育工作者的责任和使命。本书就此背景出发，探讨中学音乐教育与思政课程的融合，希望为我们的教育工作提供新的视角和启示。

第一章深入剖析中学音乐与思政课程相融合的背景。其中，探讨课程思政理念的深入贯彻落实，新时代中学美育工作的深入开展，以及中学教育素质化与全面化发展要求的提出，这些都构成了我们进行此项研究的重要背景。

第二章论述中学音乐与思政课程相融合的时代意义。音乐教育不仅可以全面增强中学生的直观认知，还可以促进思政课程内容的吸收，更可以促进中学生强大意志力的形成。这些都是中学音乐与思政课程相融合的重要价值。

第三章深入分析中学音乐与思政课程相融合的理论基础，从中国古代、近代、当代教育思想与思政教育的结合这三个方面，阐述理论支撑。

第四章全面探讨中学音乐与思政课程深度融合的侧重点，包括原则、要求和方法，为中学音乐与思政课程的深度融合提供明确的指导。

第五章介绍一套中学音乐与思政课程深度融合方案，包括资源、软环境、教育途径和保障条件等几个方面，期望为中学音乐教育实践提供切实可行的建议。

第六章主要针对中学音乐与思政课程深度融合的路径进行研究，包括如何深挖中学音乐课程的思政元素，如何结合多样化音乐资源不断放大音乐课程思想价值引导功能，如何立足红色资源打造中学音乐特色文化，如何以多种教育载体实现中学音乐与思政课程的深度融合，以及如何依托思政维度建立并完善中学音乐课程评价体系等。这些都是我们在实践中学音乐与思政课程深度融合的重要路径。

第七章则是对本书进行总结，既总结中学音乐与思政课程深度融合的要点，并对其未来的发展指明方向。

本书的研究目标是希望能够为教育工作者提供一个全新的视角，充分展现音乐教育和思政教育之间存在的深厚联系，理解二者相互融合是多么的自然和必要。同时，希望通过本书提供一些实用的方法和建议，帮助教育工作者在日常的教学实践中更好地实现音乐教育与思政教育的融合，从而更好地服务于我们的教育目标，为社会培养出更优秀的人才。

朱嘉玮

2023 年 12 月 25 日

目 录

第一章 中学音乐与思政课程相融合的背景分析

当今社会，课程思政理念的深入贯彻落实，新时代中学美育工作的深入开展，以及中学教育素质化与全面化的发展要求，构成了中学音乐与思政课程相融合的重要背景。课程思政理念深化了我国对于人才培养目标和方式的要求，倡导全面育人、立德树人，形成了全方位的教育视野。新时代中学美育工作的深入开展，充分体现了人才培养中对艺术修养和人文素质的重视，而这正是音乐教育所弘扬的核心价值，并且随着中学教育素质化与全面化的发展要求提出，更强调了课程的交叉融合与实质性发展。所以中学音乐与思政课程的相融合，不仅是对这些背景条件下的适应，更是对全面发展教育理念的具体实践。这种融合不仅有助于音乐教育的内涵发展，同时也推动思政课程教学方式的创新，从而使学生在音乐艺术的熏陶中收获思政教育的涵养。

第一节 课程思政理念的深入贯彻落实

课程思政理念的产生与深化，不仅源于习近平新时代中国特色社会主义思想对人才培养新方向的指引，更得益于立德树人的深刻理念和全面教育的时代要求。其内涵既强调立德树人任务的创新实现，重视全体教师的育人责任，又强调教育内容的整合和全面性。同时，它的深入贯彻与落实，更要求我们做到行动的全方位、持续推进，形成具备一定条件和明确逻辑的实施框架。在这一过程中，育人质量的过程化、长期化评价，高质量人才培养体系的构建，以及"三全育人"机制的完善，都被视为重要的落实抓手。在这个大背景下，中学音乐与思政课程的融合显得尤为重要，既是对课程思政理念

深入贯彻与落实的需要，又是对新时代高质量人才培养的期待。这种融合，不仅将推动我们更好地理解和实施课程思政理念，同时也将为新时代的中学音乐教育注入新的活力和可能性。

一、课程思政理念的产生

在习近平新时代中国特色社会主义思想的指导下，"立德树人"的教育理念逐渐成为我国教育改革的根本前提和指导方向。在此基础上，课程思政的理念应运而生。课程思政指以构建全员、全过程、全方位育人格局的形式将各类课程与思想政治理论课同向同行，形成协同效应，把"立德树人"作为教育的根本任务的一种综合教育理念[①]。它代表着我国教育改革的新方向，标志着我们对人才培养方法的新认识。这一理念的形成，为中学音乐与思政课程的有机融合提供了理论基础和实践指引，也反映了当今社会主义教育在适应时代发展、推进人才培养过程中的重要时代特征。

（一）习近平新时代中国特色社会主义思想为人才培养指明了新方向

习近平新时代中国特色社会主义思想，作为我党的行动指南，为新时代我国社会主义事业提供了科学指导，更具体地为我们培养新一代人才指明了新方向，深化了我们对于现代教育的理解和实践。

该思想在人才培养方面，强调全面发展人的道德、智能、体质、美学和劳动素质，注重培养学生的全面素质和人格完善。[②] 这种全面发展的理念，对于我们开展教育工作，提供了新的视角和方法，帮助我们看到教育的全方位性和复杂性。

同时，习近平新时代中国特色社会主义思想倡导在教育过程中坚持立德树人，强化社会主义核心价值观的引领作用。这种坚持将道德教育置于重要地位的观点，使得我们的教育工作有了明确的价值取向和道德底线。这对于我们开展课程思政工作，形成全面系统的人才培养体系，具有重要的指导作用。

---

① 王尧.再论课程思政：概念，认识与实践 [J]. 中国大学教学，2022（7）：6.
② 黄雅丽.理直气壮开好思政课 用习近平新时代中国特色社会主义思想铸魂育人 [J]. 实践（思想理论版），2019，688（5）：32-33.

另外，习近平新时代中国特色社会主义思想更是强调了教育对于社会主义事业和民族复兴的重要性，鼓励我们用全新的理论观点和实践方法，来推进新时代的教育事业，培养出更多的社会主义建设者和接班人。

（二）"立德树人"理念成为课程思政理念产生的根本前提

"立德树人"，这个中国教育的根本任务，为课程思政理念的产生提供了根本前提。在这一理念的指引下，教育工作不仅仅是传授知识，更重要的是进行品格教育，培养人的全面素质。立德树人不仅是对知识和能力的培养，更是对品德和精神的塑造。在这个过程中，教育工作变得丰富多元，涵盖了个人的全面发展。这样的教育理念，为课程思政工作的开展提供了广阔的空间。

"立德树人"还要求我们尊重学生的个性和主体性，引导他们形成正确的价值观和世界观，培养他们的社会责任感和历史使命感。在这个过程中，我们要关注学生的内心世界，尊重他们的个性和选择，引导他们对社会有更深入的认识和理解。这样的教育理念，使得教育工作不再仅仅停留在知识的传授上，而是真正成为塑造灵魂的工程，帮助学生成长为社会的建设者和贡献者。

（三）"课程思政"认识的成型

课程思政的认识，经过了一段由初识到深化，最后成型的过程。这个过程中，我们对于课程思政的理解和实践，得到了深化和提高，使得学校的教育工作更加科学和有效。

2016 年 12 月 7 日，全国高校思想政治工作会议是课程思政理念的初识阶段[1]，这一阶段我们强调思想政治工作要深入日常教育教学中。这种理解，使得我们的思政工作从课堂走向了生活，从知识走向了实践，提升了教育的实效性。

2018 年 5 月 2 日，"5·2"讲话是深化阶段[2]，提出要在课程中进行思政

---

[1] 孙小龙.新时代大学生思想政治教育创新研究[M].北京：社会科学文献出版社，2020：86.

[2] 综合整理.广东高校深入学习贯彻习近平总书记在北京大学师生座谈会上重要讲话精神[J].广东教育：综合版，2018（6）：5.

教育，实现思政课堂与普通课堂的有机结合。这一观点，使得思政工作更加细化和具体，我们的教育更加全面和深入。

2018年9月10日，全国教育大会是课程思政认识的成型阶段[①]，确定了课程思政的地位和功能，明确了课程思政的目标和任务。这一过程反映了我国高等教育对人才培养目标和途径的深入认识和科学定位，也为我们深化课程思政工作提供了重要的理论支撑和实践指引。

二、课程思政理念内涵的深入解读

课程思政作为一种新型的教育理念，是在立德树人任务中的创新实现。它不仅强调全体教师的育人责任，更重视教育内容的整合与协同。课程思政理念的形成与发展，为中学音乐与思政课程的深度融合提供了理论依据和实践路径。这一理念在音乐教育领域的深入运用，是适应时代发展、推动全面育人目标的重要举措，也体现了我国教育改革的时代特征和方向。

（一）课程思政是立德树人任务的创新实现

立德树人是中国教育的根本任务，这一核心任务体现了教育的道德性，即教育的目标不仅是传授知识，更是培养人格、塑造灵魂。在这个基础上，课程思政作为一种创新的教育理念和实践方式，便是对立德树人任务的创新实现。它以更具系统性和操作性的方式，将立德树人的目标融入日常的课程教学中，使之成为具体可行的教育实践。

课程思政的实质是一种全面发展的教育理念，它强调道德、智能、体质、美学和劳动素质的全面培养，倡导在教育过程中坚持立德树人，强化社会主义核心价值观的引领作用。这不仅包括学科知识的学习，更包括品德教育、心理健康教育、生活能力教育、创新能力教育，等等。这种全面性使得教育不再局限于课堂和教材，而是广泛涉及学生生活的各个方面，让他们在日常学习和生活中实践社会主义核心价值观，形成正确的世界观、人生观和价值观。

课程思政理念的实施，要求我们教育工作者具有高度的责任感和使命

---

① 张永兰，尹俐.探索制药工艺学课程思政教学[J].中文科技期刊数据库（引文版）教育科学，2022（4）：196-198.

感，深入学习马克思主义理论，深入理解社会主义核心价值观，深入领会立德树人的内涵和要求，深入了解学生的思想动态和成长需要，深入探索适合学生发展的教育方式和手段，才能更好地推动课程思政的实践活动，更好地完成立德树人的根本任务。

（二）课程思政强调全体教师的育人责任

教师是人才培养的重要力量，育人责任是教师的神圣职责。课程思政理念进一步明确了全体教师的育人责任，强调每一门课程都应有思政元素，每一位教师都要进行育人教育。这就意味着所有的教育教学活动都应该成为育人的主渠道，教师的教育育人工作不再是个体行为，而是有组织的、明确的、规范的行为。

课程思政强调全体教师的育人责任，这是对教师角色的新要求和新挑战。其间，教师先要以身作则，自身先做到"三严三实"①，以实际行动诠释社会主义核心价值观，树立良好的师德风范，成为学生的道德榜样；之后，教师需要深化教育教学改革，积极探索将社会主义核心价值观融入各类课程教学中的具体路径和方法，使之真正成为学生学习、生活的引领原则；最终教师需要加强自我学习，提高自身素质，不断提高教育教学水平，以更好地履行育人责任。

（三）课程思政理念重视教育内容的整合

课程思政理念重视教育内容的整合，体现在两个方面：一是整合思政教育与各类课程的教学内容；二是整合专业教育和通识教育的要求。这两种整合，使得教育的内容更加丰富，更加贴近生活实践，也使得教育的方式更加活泼，更有吸引力。

在整合思政教育与各类课程的教学内容方面，课程思政倡导将社会主义核心价值观、做人做事的基本道理、实现民族复兴的理想和责任融入各类课程教学中。这就需要教师在教学过程中，灵活运用各种教学方法和手段，让

---

① "三严"：严以修身、严以用权、严以律己。"三实"：谋事要实、创业要实、做人要实。2014年3月9日，习近平总书记在参加安徽代表团审议时提出的"三严、三实"，是党的领导干部的为官之道和行为准则，为做好新形势下干部工作提供了重要遵循。

学生在学习专业知识的同时，也能够理解和接受社会主义核心价值观，形成正确的世界观、人生观和价值观。

在整合专业教育和通识教育的要求方面，课程思政鼓励打破学科的边界，推动跨学科、跨专业的教育模式。通过通识教育，培养学生的综合素质，提升他们的人文素养，增强他们的社会责任感。通过专业教育，提高学生的专业技能，培养他们的创新能力，增强他们的竞争力。

（四）课程思政是一种全面的教育理念

课程思政是一种全面的教育理念，它不仅涵盖了思想政治理论课，而且涉及所有的课程。这是一种从课堂教学到全方位教育的转变，一种从传统的育人方式到新时代育人理念的转变。

课程思政的全面性体现在对教育目标的全面理解，即教育的目标不仅是传授知识，更是立德树人，全面发展人的道德、智能、体质、美学和劳动素质。全面性也体现在对教育过程的全面关注，即在教学过程中，不仅要教授知识，也要进行品德教育，引导学生形成正确的价值观，培养他们的社会责任感和历史使命感。

课程思政的全面性要求我们教育工作者全面提高自身素质，全面深化教育教学改革，全面落实立德树人的根本任务。这是一项艰巨的任务，也是一项光荣的任务。只有这样，广大教师才能以实际行动回答"教师之问"，才能在全面提高教育质量的同时，实现中国特色社会主义教育现代化。

三、课程思政理念深入贯彻与落实的新要求

深入贯彻落实课程思政理念，是推进我国教育改革，特别是中学音乐与思政课程融合的重要前提。实现这一目标，需要学校在实践中全方位持续推进，同时具备必要的条件，并遵循明确的逻辑。对此，我们需要深入探讨并解读这些新要求，理解其在推动课程思政理念深化落实中的关键作用。这不仅符合我国立德树人的根本任务，也有助于广大教师在音乐与思政课程的相融合过程中，更好地把握教育改革的方向和目标。

（一）学校深入贯彻落实课程思政理念要做到行动的全方位和持续推进

课程思政理念的全方位行动和持续推进，体现了立德树人任务的严肃性和长期性。全方位行动是指在所有领域和所有层次都积极推进课程思政建设。从教育行政管理部门到学校领导，再到一线教师，每个角色都要承担起推动课程思政的责任。全方位行动不仅要在政策制定、资源配置等宏观层面推动，也要在教学内容设计、课堂教学实施等微观层面深入进行。持续推进则是指我们不能仅在某个特定时期或者针对某个特定课程进行思政工作，而是要将思政工作贯穿在教育全过程，持续不断地进行。这就需要我们在日常的教育教学中，深入挖掘每个课程中的思政元素，有机融入课堂教学，并通过不断实践、反思和完善，确保课程思政工作的效果。只有做到全方位行动和持续推进，才能确保课程思政理念的深入贯彻和落实，从而真正实现立德树人的根本任务。

（二）学校深入贯彻落实课程思政理念要具备七个必要条件

第一，学校需要营造良好的教育氛围。这种氛围应鼓励学生积极思考，帮助他们塑造正确的价值观和世界观。同时，教育环境也需要是自由的、开放的，鼓励创新，这样教师才能尽其所能地进行教学。第二，各学校需要具有自身的教育特色。根据各自的专业优势和特色，确定相应的教育目标和方法，从而形成独特的教育风格。第三，专业教学要展现出特定的教学特点。在此过程中，应深入发掘每个课程中的思政元素，并将其有机地融入专业教学，形成与专业特色相符的课程思政。第四，每门课程需要具有品牌效应。每个课程都应是培育人才任务的重要载体，必须充分体现课程思政的理念和要求。第五，教师在讲授过程中需形成自身的风格。教师在教学中应具备一定的自主性，他们应根据自己的特长和优势，选取最适合自己和学生的教学方式。第六，教师需要成为学生的榜样。教师的行为和态度直接影响学生，因此他们必须言传身教，展示出高尚的职业道德和积极的人生态度。第七，教育成果必须能够固化。教育不仅仅是知识的传授，更重要的是培养人，因此，教育成果应在学生的成长过程中持续发挥作用。

（三）学校深入贯彻落实课程思政理念要有清晰的逻辑

在学校深入贯彻和落实课程思政理念的过程中，一种清晰的逻辑和合理的思维方式是必不可少的。这是因为一个连贯、明确和有条理的思考过程，能有效地指导我们理解和执行课程思政的基本要求和原则。它也能帮助我们在遇到问题和挑战时，采取正确的策略和措施。

其间，教师先要明确课程思政的双重属性。一方面，课程思政具有规定性，即它必须满足对人才培养的核心素养的共性要求。这包括不仅在专业知识和技能的掌握上，还要在思想道德素质的培养和人文素养的提高等方面，都能达到预期的目标。另一方面，课程思政又具有相对的独立性，即它要体现教师的教学自主性。这是说，教师在满足课程思政的基本要求和原则的同时，还要能够根据自己的教学理念、教学方法和教学经验，以及学生的特点和需求，发挥自己的创新性和主观能动性，以提高课程思政的教学效果。因此，在贯彻和落实课程思政理念的过程中，我们需要遵循这种双重属性，既严格按照规定进行，又充分发挥教师的创新性和主观能动性。

之后，教师需要明确课程思政建设与专业思政建设的一体化设计和一体化实施。在实际操作中，我们通常会从课程思政建设开始，这是因为课程是人才培养的基本载体，课程思政则是课程建设的重要内容。然而，我们不能仅仅局限于课程思政，而忽视了专业思政的建设。这是因为，专业思政和课程思政是相互联系、相互作用的，只有二者相结合，才能全面、深入地进行人才培养。因此，我们在贯彻和落实课程思政理念的过程中，不仅要做好课程思政的建设，还要做好专业思政的建设，做到二者有机结合，实现一体化设计和一体化实施。

四、课程思政深化落实的重要抓手

实现课程思政的深化落实，关键在于坚持以人为本，以育人为根本，以提升人才培养质量为核心目标。过程化和长期化的育人质量评价、高质量的人才培养体系构建，以及"三全育人"机制的完善，都是深化课程思政落实的重要抓手。只有在这样的指导下，中学音乐与思政课程的融合才能真正落地生根，满足新时代教育改革的要求，进而培养出符合社会需求的高质量人才。

（一）育人质量的评价更加趋向过程化和长期化

评价制度是促进教育发展的有效手段，它可以反映教育的目标，也可以驱动教育的改革。对于课程思政的评价，过程化和长期化的趋势已经明显。过程化的评价强调的是在教学过程中，对教师的教学行为、教学方法和教学效果的评价，而不仅仅是关注最后的教学结果。这样的评价方式可以有效地提升教学质量，促进教师的教学创新。长期化的评价则强调的是学生的成长和发展，以及他们在学校和社会中的表现。它关注的不仅仅是学生的知识和技能，更关注他们的价值观、世界观和人生观的形成。这种更加"远视"的评价方式可以更全面地反映课程思政的实施效果，也能更好地实现立德树人的根本任务。

（二）要将"高质量人才培养体系构建"视为核心目标

在当前的教育环境中，课程思政的重要性日益凸显。将思想政治教育融入专业课程中，构建高质量的人才培养体系，成为教育改革和发展的重要任务。通过课程思政的实施，我们可以构建出一个既能满足社会需求，又能培养出符合时代特征的高素质人才的教育体系。这个体系是一个有机的整体，它包括了专业教育和思想政治教育两个重要部分。在这个体系中，专业教育负责培养学生的专业知识和技能，使他们能够适应社会的发展和变化；思想政治教育则负责引导学生形成正确的世界观、人生观和价值观，培养他们成为有道德、有文化、有能力的社会主义建设者和接班人。在构建这样的体系时，我们需要把人才培养的目标和要求始终放在首位。我们要清楚地认识到，高质量的人才是社会发展的基础，是国家的未来。因此，我们需要始终坚持以人为本，以学生的全面发展为目标，注重提高教学质量，努力提升人才培养的效果。

（三）要将完善"三全育人"机制视为关键中的关键

"三全育人"机制是一个全过程、全方位、全员参与的教育机制。它强调的是教育的全面性和持久性，以及教育的协同性。全过程育人意味着我们需要关注学生的全面发展，从他们进入学校的那一刻开始，一直到他们离开学校，甚至到他们步入社会。在这个过程中，我们不仅要关注他们的知识和

技能的学习，也要关注他们的价值观和人格的形成。全方位育人则要求我们在各个方面对学生进行教育和培养。我们不能只注重他们的知识和技能的学习，而忽视了他们的思想道德、体育健康、艺术修养等其他方面的培养。我们需要全面考虑学生的发展，全面关注他们的需要，全面满足他们的期望。全员参与是指所有的教师都应该参与到学生的教育和培养中去。教育不仅仅是教师的责任，更是全社会的责任。我们需要在全校范围内形成共识，实现教育资源的共享，促进教育的协同。这样，广大教育工作者才能提高教育的效率，提高教育的效果，真正实现"三全育人"。

第二节　新时代中学美育工作的深入开展

新时代中学美育工作的深入开展，反映出教育领域的革新理念和实践进步。美育政策的完善，以及各级政府对美育教育的重视和支持，共同为推动中学美育的整体性、连续性教育提供了坚实的制度保障，实现从过去的"盆景"式教育向全景式教育的转变。同时，积极实现资源共享和家校协力，打造美育教育共同体，为学生在更宽广的环境中接受美育教育，形成全方位的美育格局，提供了有力支撑。在这样的背景下，中学音乐与思政课程的融合显得尤为重要，它是中学美育工作自身发展的需要，同时也是新时代教育改革的必然要求。这种融合不仅推动了美育的深度发展，也深化了学生对社会主义核心价值观的理解和认同，有力促进了学生全面发展。

一、政策基础逐渐完善

自新中国成立以来，我国的教育方针在党和政府的指导下始终围绕"德、智、体、美、劳"全面发展的目标进行转变与调整。尤其是在党的十八大以后，国家陆续出台了一系列对中国教育改革和发展具有深远影响的重要文件。

其中，2010年颁布的《国家中长期教育改革和发展规划纲要（2010—2020年）》在肯定素质教育重要性的同时，显著提出了美育教学改革的重要指向，要求全方位提高学生的审美品位和人文素养，为素质教育的深入发展指明了方向。

跟随时代步伐，2020年，国家进一步推出了《关于全面加强和改进新时代学校美育工作的意见》，着重于全面提升和完善学校的美育工作，以期在新时代背景下更好地推进美育工作的深入进行。

2021年7月，中共中央办公厅和国务院办公厅联合发布了《关于进一步减轻义务教育阶段学生作业负担和校外培训负担的意见》。此文件提出的"双减"要求，一方面是为了减轻学生的学业负担，另一方面也是为了全面落实"立德树人、五育并举、全面发展"的教育方针，以此来重构中国基础教育的生态环境。

通过以上政策文件可以看出，这些重要文件的出台，无疑为全面加强和改进学校美育工作提供了新的机会，也为我们深化中国教育改革和发展的步伐注入了新的动力。

二、中学美育工作要做全景，而非"盆景"

在学校的教育经历中，每一位教师都能深刻地感受到学校通过校园环境的塑造、课程教学的设计以及校园活动的举办等各种方式和途径，让大家有机会去接触美、去认识美、去体验美、去感受美、去欣赏美，甚至去创造美。这种感受让我们每一位教育工作者都明白，美育的存在并非只限于音乐课和美术课的课堂内，而是普遍存在于所有的学科课堂中。

在这些课堂中，教师们以其高尚的教师品格和丰富的教学经验，悉心引导学生去发现美、去体验美。在语文阅读课上，能够深深地感受到文学的美，那是文字所构建的精神世界，是情感和智慧的交融，是人性和理想的闪光。在物理、数学、化学的课堂上，感受到的则是那种对称美、简单美、和谐美、守恒美，这是科学原理所蕴含的世界法则和自然之美，是逻辑与事实的协调统一，是世界的秩序和规律。

在面对美和美育的时候，我们不能不去深入探讨：什么是美？什么是美育？美育是单纯地传授吹、拉、弹、唱等技能教育，还是以艺术实践为主要内容，通过锻炼学生的感受力来进行的教育？在推进美育的过程中，是应该只注重表面的花花草草，以轰轰烈烈的形式主义来吸引人，还是要着力开展艺术活动，让学生深度参与到艺术欣赏、艺术创造活动和艺术批评中，真正培养学生的审美品位？

美育，它是审美教育、情操教育和心灵教育的集合，同时也是丰富想象力和培养创新意识的教育。其价值与意义在于通过引导学生体验美、感知美、思考美，来提升学生的审美素养和人文素质，激发学生的创新精神和实践能力，培育学生的健康情操和宽广胸怀。这种全方位、全过程的教育，无疑直接影响和决定了学校在回答"培养什么人、怎样培养人、为谁培养人"这一教育的根本问题时的答案。它对于促进学生全面成长、塑造学生美好心灵、激发创新创造活力起到了至关重要的作用。

然而，我们也必须清醒地看到，虽然现如今美育得到了越来越广泛的重视，但在实际操作中，依然存在一些误区和困难。比如，有的地方和学校由于理解偏差，把美育简单等同于艺术技能的培训，这就使得美育无法充分发挥其应有的价值，使学生在培养审美意识、情感表达和创新思维等方面的潜力得不到充分地发挥和提升。

还有一点需要强调，一些学校过于重视理论知识的传授，常常运用抽象思维来教导孩子，让学生更多地关注艺术作品所传达的抽象意义，而忽略了调动学生感官，直接感受声音、色彩、形状、形式等具体的美感。这种做法使得美育教育过于理论化，忽视了艺术的直观性和感性，也就是说，没有让学生直接去感受美、去体验美。在这一过程里，就需要将美育纳入中招考试，这是一种政策手段，旨在倒逼学校、家长和学生对音乐、美术等艺术类教育的重视。它的核心目的是逐步改变美育在当前学校教育中的边缘化状态，推动美育在学校教育中的全面发展和全面普及。在这个过程中，我们必须警惕和避免以知识为中心的思维方式，尤其要防止落入功利化、分数化追求的误区。美育不应该被简化为一种纯知识的传授，而应该是一种审美体验、情感熏陶和创新思维的培养。

广大教师需要深入理解，美育并不是艺术课程的专有领地，而是应该贯穿于所有的学科教学之中。每一门学科都有其独特的美感，都有其独特的审美价值。学校在进行教学研究时，应该注重挖掘和弘扬这种美育元素，尤其要关注艺术课程以外的美育资源。无论是数学中的逻辑之美，物理中的规律之美，化学中的变化之美，语文中的文学之美，还是历史中的人文关怀之美，创新科技中的发明之美，甚至是哲学中探求真理的思辨之美，都是我们需要深挖和引导学生去体验、去感知的。

美育也需要在校园的实际环境中得到充分的体现和发挥。学校应该努力营造一个美的环境，让学生能够在校园一砖一石、一草一木、一角一景中感受美的存在和影响。这种环境的美，不仅是视觉的，也是精神的，它可以激发学生的审美意识，激发学生的情感体验，更可以启发学生的创新思维。这样的校园环境，是一种真正的美育环境，它能够引导学生生成对美的热爱，形成美的心灵，更能够激发学生的高尚精神追求，成为他们健康成长的重要推动力。

为了实现美育工作的深入推进，我们必须站在人的全面发展的视角来看待，以全面发展的基本素养为前提来认识美育的内涵和价值。美育工作不只是单纯的艺术教育，更是关乎人的全面发展，尤其是人的情感、创新和审美能力的培养。

同时，我们还必须将学校的美育工作放在培养合格建设者和可靠接班人的战略高度来审视。这一战略视角要求我们认识到，美育工作的开展，既是提升学生艺术技能的必需，也是培养社会主义合格建设者和可靠接班人的重要途径。因此，我们应该教育引导广大教育管理者、校长、教师充分认识和准确把握美育的目标和重要意义，摒弃重应试轻素养、重少数轻群体、重比赛轻普及等教育功利化倾向。

为了达到这一目标，广大教师需要真正把美育思想融入我们的办学理念中，把美育寓于所有课程之中。无论是语文、数学、外语、科学，还是历史、地理、道德、艺术，每一门课程都是美的载体，都是美育的平台。在教学过程中，我们应该充分挖掘每门课程中的美育元素，引导学生从中体验美、欣赏美、创造美。并且广大学校教育工作者还需要加强美育与德育、智育、体育、劳动教育的有机融合。美育不是孤立的，而是与其他教育形式相互依赖、相互促进的。通过美育，我们可以促进学生的道德情操，提升学生的智力素质，增强学生的体质，培养学生的劳动精神。

在这个过程中，我们需要构建"大美育"工作格局，即让美育工作渗透到学校教育的所有领域，成为学校教育的一种常态和文化。在这个格局中，美育不再是一种附加的教育形式，而是成为学校教育的核心和基础，对于提升学校教育的质量和效果，培养新时代的社会主义建设者和接班人，具有重要的推动作用。

三、中学美育要做到资源共享和家校协力

在"双减"政策实施后，宜昌市实验小学进一步加强了与地方文化和艺术机构的合作，形成了一种新的艺术教育模式。他们与宜昌市文化局、演艺公司、京剧团、歌舞团、屈原书院、墨池书院等多个艺术组织和团体签订了战略发展协议，深入开展了一系列的艺术教育活动。这些活动不仅增加了学校的艺术课程种类，丰富了学生的艺术学习内容，同时也充分挖掘了地方民族文化的艺术精髓。

在这种新的合作模式下，国内诸多中小学校还开设了更多的具有地域民族文化艺术特色社团，这些社团不仅培养了学生的艺术兴趣和艺术技能，也使学生深入了解和热爱本地的文化和艺术。同时，学校还聘请了一大批艺术专业人士到校担任老师，他们以丰富的艺术实践经验和专业的艺术教学方法，为学生提供了高质量的艺术教育。

对此，教育界普遍认为"这是美育教育应有的走向"。具体而言，一方面学校是美育教育的主阵地，应该坚持"一校一特色"，既有规定动作，又有自选动作，充分挖掘各学校地方文化底蕴，因地制宜建设具有本土特色的美育场所。另一方面也要充分发挥社会公共美育机构和场所的作用，形成有效的校内外协同机制，积极拓展美育资源。

这也说明教育界对这种新的美育教育模式的肯定和期望，通过校内外的协同，可以形成一个美育教育的有机体系，既有学校的专业教育，又有社会的资源支持，共同推动美育教育的深入开展和全面发展。这样的观点代表了当前教育界对于美育教育的新的理解和期待，也揭示了在新的社会环境下，我们应如何重新理解和推进美育教育的思考。

在当前社会教育环境中，美育教育已经不再局限于传统的校园教育，而是渗透到了更广泛的社会环境中，这是一个越来越被认识到的观点。我国教育界诸多专家和学者都提出了这样的理念，即："美育，不仅仅在校园里，不仅仅在教室里，它还在社会广阔的大课堂上。中小学阶段的教育，更要充分利用好学校所在城市的公共文化服务资源，把博物馆、美术馆、文化馆作为美育课的实施之地。"而这也是美育教育应有的趋势和目标。这样的理念也反映出我们在推动美育教育过程中，需要注意到美育教育的全方位和多元性。美育教育不仅仅是学校教育的一部分，更是社会大课堂的重要组成部

分。在城市环境中，博物馆、美术馆、文化馆等公共文化服务设施都是丰富的美育教育资源。它们既能提供丰富的美术作品和文化历史素材，也能为学生提供直接的艺术体验和创作平台。

另外，社会文化教育机构也应积极担起责任，做好公共文化服务方面的工作，为孩子提供良好的教育成长环境。这些机构既可以为学生提供各种形式的艺术教育，也可以通过各种艺术活动，引导学生了解和欣赏艺术，发展艺术兴趣，锻炼艺术创造能力，从而为孩子的全面发展做出贡献。在这个基础上，全国政协委员们建议，应设立专门的组织协调机构，协调学校与城市美术馆、博物馆、展览馆等社会公共文化艺术场馆加大合作力度，开设"第二美育课堂"，建立馆校合作的长效机制。这个机构可以协调各方资源，提供统一的政策指导和服务保障，促进学校和社会艺术教育机构的深度合作。

在这种合作中，学校可以邀请优秀的文艺工作者到"第二美育课堂"兼任教师，整合校内、校外、社会资源，开展各种形式的美育实践活动。这既可以让学生接触到更多样化的艺术形式，也可以使他们有更多的机会直接参与艺术创作，感受艺术创造的乐趣。同时，以文化企业、文旅项目等为依托，可以开发美学研学路线，举办各种美育活动，探寻"以美育人、美美与共"的社会美育新路径。通过这种方式，我们可以让各领域的美育智慧形成美育共同体，合力打造"无围墙"的社会美育大课堂。这样，学生可以在更广阔的社会环境中接触到美，感受美，学习美，创造美。政府主管部门可以通过评优的方式给予这些实践的支持。通过制定相关政策，对那些在推进美育教育方面做出贡献的学校和社会机构给予认可和支持，这不仅可以激励他们继续努力，也可以为社会营造一个良好的美育环境，推动美育教育的全面发展。

第三节　中学教育素质化与全面化发展要求的提出

在教育改革进程中，中学教育素质化和全面化的发展要求得到了广泛关注。素质化发展要求从其提出到深化，标志着中学教育从单一的知识技能输送，向培养学生全面发展的能力转变。同时，综合素质全面发展要求的提出与深化，进一步推动了教育的个性化、差异化和生态化。在这个大背景下，

中学音乐与思政课程融合应运而生，其不仅是教育改革的具体体现，也是满足这一时代背景下中学教育素质化与全面化发展要求的有效途径。这种融合更符合学生的学习需求，更能培养出符合社会需求的全面发展的学生。

一、中学教育素质化发展要求的提出与深化

随着中国教育改革的不断深化，素质教育从萌芽阶段的探索，到提出与实验阶段的实践，再到全面推进阶段的深化，展示出中学教育素质化的必然趋势。在这个过程中，课程的融合和整合成为重要的教育策略。特别是在中学阶段，音乐与思政课程的相融合不仅满足了素质教育的要求，更具有历史的必然性，这一发展趋势为我们深入理解素质教育和课程融合的价值提供了重要视角。

（一）素质教育的萌芽

新中国成立以后，特别是改革开放后，党和国家始终把提高全民族的素质作为关系社会主义现代化建设全局的一项根本任务。1985 年 5 月，邓小平在全国教育工作会议上，从社会主义现代化战略和中华民族的根本命运的高度，强调要把我国沉重的人口负担尽快转化为巨大的人力资源优势的必要性和紧迫性。他指出："我们国家国力的强弱，经济发展后劲的大小，越来越取决于劳动者的素质，取决于知识分子的数量和质量。一个十亿人口的大国，教育搞上去了，人才资源的巨大优势是任何国家比不了的。有了人才优势，再加上先进的社会主义制度，我们的目标就有把握达到。""如果现在不向全党提出这样的任务，就会误大事，就要负历史的责任。"同年发布的《中共中央关于教育体制改革的决定》中明确指出："在整个教育体制改革过程中，必须牢牢记住改革的根本目的是提高民族素质，多出人才，出好人才。"此后，在《中华人民共和国义务教育法》《中共中央关于社会主义精神文明建设指导方针的决议》和中共十三大报告中，都强调"提高整个中华民族的思想道德素质和科学文化素质"的问题。这是素质教育的最初思想源头。

在邓小平讲话以及中央文件的启发下，理论界关于"素质""民族素质""劳动者素质""国民素质"的研究日益增多。研究主要涉及素质观念、素质与培养目标、素质与社会发展、素质与教育的关系等方面。教育理论

界针对片面追求升学率和由此引发的学生课业负担过重等诸多弊端，开展了"端正教育思想，明确教育目标"的讨论。重点讨论了树立正确的人才观和提高民族素质等问题，并对片面追求升学率现象作了一些分析批评。与此同时，为了解决片面追求升学率和学生课业负担过重带来的问题，一些中小学进行了改革探索，涌现出"愉快教育""成功教育""和谐教育""创造教育""主体性教育"等一批体现素质教育思想的教改实验模式。这些研究、讨论和教改实验为素质教育的提出奠定了理论和实践基础。

（二）素质教育的提出与实验

20 世纪 80 年代后期，教育工作者在学习邓小平讲话以及中央文件中，在纠正采用违反教育规律的手段片面追求升学率的现象的过程中，很自然地把素质和教育联系起来，逐步地产生了素质教育的概念。素质教育的概念开始是针对片面追求升学率的，后来概括为针对升学教育模式，最后确定为针对脱离人的发展和社会发展的实际需要，单纯为应付考试争取高分，采用违反教育规律的手段片面追求升学率的那种"应试教育"的模式而提出的。

素质教育的提出，是广大教育工作者对教育工作探索实践的积极成果。国家教育行政部门在党中央和国务院的领导下，为实施素质教育进行了不懈的努力，从做好舆论宣传教育工作，到引导教育体制、课程教材改革工作，加强德育、美育和劳动技术教育，以及升学考试制度、管理制度，教育结构等方面的改革，做了大量工作。

1990 年，《江苏省教育委员会关于当前小学教育改革的意见（试行）》中指出："实施以提高素质为核心的教育，关键是转变教育思想，树立国民素质教育的观念。各级教育行政部门要组织学校和教师学习教育科学理论，开展素质教育的研究和讨论，并扩展到家庭和社会，唤起为中华民族的未来而全面增强学生素质的公众教育意识，形成强大的舆论力量和良好的改革环境，推进小学素质教育的全面实施。"这是第一次正式在地方政府文件中使用素质教育的概念。

1993 年 2 月 13 日，中共中央、国务院在总结广大教育工作者改革实践经验的基础上制定发布的《中国教育改革和发展纲要》（以下简称《纲要》）中指出："中小学要从'应试教育'转向全面提高国民素质的轨道，面向全体学生，全面提高学生的思想道德、文化科学、劳动技能和身体心理素质，促进学生生动活泼地发展，办出各自的特色。"《纲要》中提到"素质"一词的地方有 20 多处之多，并提出了全面提高学生四个方面素质的要求。为了贯彻和落实《纲要》，中共中央于 1994 年召开的全国教育工作会议提出："基础教育必须从'应试教育'转到素质教育的轨道上来，全面贯彻教育方针，全面提高教育质量。"同年 8 月，《中共中央关于进一步加强和改进学校德育工作的若干意见》明确指出："增强适应时代发展、社会进步，以及建立社会主义市场经济体制的新要求和迫切需要的素质教育。"这是第一次正式在中央文件中使用素质教育的概念。

1996 年，八届全国人大四次会议通过的《中华人民共和国国民经济和社会发展"九五"计划和 2010 年远景目标纲要》又明确提出，要"改革人才培养模式，由'应试教育'向全面素质教育转变"。这就以法规性文件的方式，确立了素质教育在基础教育改革中的地位。

为促进教育方针的全面贯彻，摆脱"应试教育"的束缚，一些省市率先在中小学开展区域性实施素质教育改革实验，并取得了重要经验。例如，湖南省汨罗市从 1984 年开始推进农村教育综合改革，在实施素质教育方面进行了长期的探索。到 1996 年，他们已经积累了一套比较系统、比较完整的经验，主要是：有正确的教育指导思想，即政府要把每一所学校办成合格的学校，学校要教育好每一个学生；有科学的方法，市、乡镇、学校形成了一整套科学的管理体系；有扎实的作风，一直坚持扎扎实实、勤勤恳恳地为"全面贯彻党的教育方针，全面提高教育质量"目标的落实而努力；建立有效的机制——教育督导评估，用科学的评估办法代替了单纯分数评价的办法，改变了"应试教育"的做法。1996 年 2 月，《人民教育》《湖南教育》联合推出长篇报道，介绍了湖南汨罗大面积推行素质教育的经验。1996 年 6 月，国家教委在湖南省汨罗市召开会议，推广该市实施素质教育的经验。

1997 年 9 月，国家教委又在山东省烟台市召开了全国中小学素质教育经验交流会，进一步总结推广了汨罗、烟台等地大面积推进素质教育的经验，交流了全国各地实施素质教育的经验，进一步提高了对实施素质教育的认识，并对在中小学实施素质教育作了全面部署。1997 年 10 月 29 日，国家教委颁发《关于当前积极推进中小学实施素质教育的若干意见》（以下简称《意见》）。《意见》强调："在中小学全面贯彻国家的教育方针，积极推进素质教育，已经是摆在我们面前的刻不容缓的重大任务。"由此，掀起素质教育实践的区域性高潮。全国首批建立了十个素质教育实验区，一些省市也建立了省级素质教育实验区。

1999年，国务院批转教育部制订的《面向21世纪教育振兴行动计划》明确提出，实施"跨世纪素质教育工程"，整体推进素质教育。要改革教育内容和教学方法，推行新的评价制度，开展教师培训，启动新课程的实验。尽管此时的素质教育仍然定位在基础教育阶段，但却拉开了素质教育从典型示范转向整体推进和制度创新的序幕。

与此同时，广大教育理论工作者对素质教育的内涵、实施素质教育的意义、国民素质的构建、中小学素质教育目标的确定、素质教育人才培养模式、课程结构、运行机构、督导评估等方面做了大量研究，有的已取得较好的成果。这些都为全面推进素质教育提供了大量理论和实践依据。

（三）素质教育的全面推进

在世纪之交国力竞争日趋激烈的国际环境下，培养和造就适应21世纪现代化建设需要的社会主义新人比任何时候都更加迫切。但是面对新的形势，我国在教育观念、教育体制、教育结构、教育内容、教育方法和人才培养模式诸方面都是相对滞后的，远远不能适应面向21世纪社会主义现代化建设和提高国民素质的要求。尤其是片面追求升学率的现象还没有得到有效遏制，升学竞争还在不断加剧，这就使广大青少年难以得到全面发展。为了尽快改变这种状况，进一步唤起教育界内外对实施素质教育重要性的认识，深化教育改革，提高实施素质教育的成效，提高教育质量，从而提高中华民族整体素质和创新能力，党和国家作出了全面推进素质教育的重大决策。

1999年，中共中央、国务院作出了《关于深化教育改革全面推进素质教育的决定》，并召开了以素质教育为主题的全国教育工作会议，进一步强调了实施素质教育的重要性和必要性，明确了素质教育的内涵，以及实施素质教育的具体举措。由此，素质教育开始作为党和国家的战略决策，进入国家推进、重点突破、全面展开的新阶段。

根据中共中央、国务院颁布的《关于深化教育改革全面推进素质教育的决定》精神，实施素质教育的根本指导思想是邓小平提出的"三个面向"（即：面向现代化，面向世界，面向未来）和江泽民同志提出的"四个统一"

（即使受教育者坚持学习科学文化与加强思想修养的统一，坚持学习书本知识与投身社会实践的统一，坚持实现自身价值与服务祖国人民的统一，坚持树立远大理想与进行艰苦奋斗的统一）。

中共中央、国务院作出的《关于深化教育改革全面推进素质教育的决定》（以下简称《决定》）明确提出：实施素质教育，就是全面贯彻国家的教育方针，以提高国民素质为根本宗旨，以培养学生的创新精神和实践能力为重点，造就"有理想、有道德、有文化、有纪律"的、德智体美等全面发展的社会主义事业建设者和接班人。这就揭示了素质教育的基本内涵。

《决定》要求："全面推进素质教育，要坚持面向全体学生，为学生的全面发展创造相应的条件，依法保障适龄儿童和青少年学习的基本权利，尊重学生身心发展特点和教育规律，使学生生动活泼、积极主动地得到发展。"这就概括了素质教育的重要特征：（1）素质教育是面向全体学生的教育。这就要求政府和教育部门，应该依法为所有义务教育阶段适龄儿童和青少年提供平等的受教育条件和受教育机会；学校和教师，则要努力使每个班和每个学生都得到平等健康的发展。（2）素质教育要以学生的全面发展为本位，即全面发展学生的思想政治素质、文化科学素质、劳动技能素质、身体心理素质和审美素质等；同时要努力使素质教育的方方面面成为不可分割的整体。（3）思想政治素质是最重要的素质，学校都要把思想政治教育摆在重要地位。（4）素质教育要以培养学生的创新精神和实践能力为重点。各级各类学校要培养每一个学生的创造性；要从实际出发，加强和改进对学生的生产劳动和实践教育。（5）素质教育要使学生生动活泼、积极主动地得到发展。各级各类教育都要坚持因材施教，坚决克服用"一个模子"来培养人才的倾向。

实施素质教育的保证措施主要有：（1）建设高质量的教师队伍是全面推进素质教育的基本保证。（2）要进一步完善教育经费拨款办法，明确提出中央政府每年增加一个百分点的投入，并提出教育成本的分担机制。（3）要加强学校党的工作，充分发挥党员在实施素质教育中的模范带头作用。（4）全面推进素质教育是党和政府的重要职责。因此，要采取有效措施切实加强党和政府的领导，要依靠法制和制度作为全面推进素质教育的保证。（5）实施素质教育要贯穿于幼儿教育、中小学教育、职业教育、成人教育、高等教育等各级各类教育中，并与德育、智育、体育、美育等有机地统一在教育活动的各个环节中。同时要建立政府、社区、家庭、学校相互支持、相互协作的机制，形成有利于青少年学生健康成长和终身学习体系不断完善的、系统的良好社会环境。

二、中学教育综合素质全面发展要求的提出与深化

2019 年，国务院办公厅印发《关于新时代推进普通高中育人方式改革的指导意见》（以下简称《意见》）。《意见》明确提出要引导高中学校转变育人方式，发展素质教育。随后，教育部召开新闻发布会解读《意见》。会议强调，办学校、搞教学，目标要着眼于学生的全面发展、综合素质的提高，"升学是综合素质培养的结果，而不能就只仅仅盯着升学"。

（一）强调构建全面培养体系，重视学生综合素质全面发展

普通高中教育是国民教育体系的重要组成部分，在人才培养中起着承上启下的关键作用。截至 2018 年底，我国高中阶段毛入学率达到 88.8%，比 2012 年提高了 3.8%，普通高中进入到以内涵发展、提高质量为重点的发展新阶段。但是，当前普通高中教育依然存在素质教育实施不全面、片面应试教育倾向严重、唯分数唯升学率评价教育质量等突出问题。

《意见》明确提出，到 2022 年，进一步完善德智体美劳全面培养的育人体系，立德树人落实机制进一步健全。为此，《意见》提出了构建全面培养体系、优化课程实施、创新教学组织管理、加强学生发展指导、完善考试和招生制度，以及强化师资和条件保障六大重点任务。

其中，在课程教学改革方面，要深化课堂改革，探索基于情境、问题导向的互动式、启发式、探究式、体验式等教学方式；要规范课程教学管理，确保学校合理安排 3 年各学科课程，开齐开足体育与健康、艺术、综合实践活动和理化生实验等课程，并严格执行教学计划。

其实，高中学生正处于人生的关键阶段，他们正从未成年走向成年，开始对未来发展方向做出初步选择，可以说，高中教育是人生的奠基。为此，《意见》提出，重点加强对学生理想、心理、学习、生活、生涯规划等方面指导。普通高中要明确学生发展指导机构，高校也要以多种方式向高中学校介绍专业设置、选拔要求、培养目标及就业方向等，为学生提供咨询和帮助。

在招考方面，《意见》明确，在实施普通高中新课程的省份不再制定考

试大纲，并提出要优化考试内容、创新试题形式、科学设置试题难度和加强命题能力建设。高等学校则要根据人才培养目标和专业学习基本需要，结合实施高考综合改革省份学生选考情况，不断完善招生专业选考科目要求，并把综合素质评价作为招生录取的重要参考。

要深化育人关键环节的改革，也需要改变对学校办学和教育教学行为的指挥棒，加快构建科学的教育评价体系。教育部已经着手组织有关高校和专家学者，制定中小学的教育质量评价标准，也会进一步完善学生的综合素质评价办法。

（二）以研究性学习为基，助力学校进行教育教学改革

紧随新高考改革而成长的创新教育实验室，一直积极响应国家对于建立有利于创新人才培养的创新教育体系、提升学生综合素质发展的号召。

作为新高考背景下面向中学生的一站式研究性学习平台，创新教育实验室以研究性学习为切入口，通过项目制课题形式带动中学生参与创新实践与科学研究，发展实践创新核心素养，帮助学校建立有利于学生综合素质发展的创新教育体系、创新教学方式。

研究性学习是落实高中综合素质评价，引导学生学习方式和对学生进行评价方式变革的重要抓手之一。研究性学习在撬动素质教育深度发展，推动学生学以致用，将学科知识与社会生活实际相关联、融合，提升学生解决实际问题能力等方面具有重要价值。

创新教育实验室通过设计与学生的学习和社会生活密切相关的创新项目，并邀请来自北大、清华等名校的硕博研究生担任学生的创新导师，引导学生经历研究过程、丰富学习体验。贴近自身生活、立足文化基础、力争有益于社会进步，是创新教育实验室设计研究性学习课题的基本原则。

创新教育实验室的一大优势在于，研究性学习的过程性数据可以快捷导入学生的综合素质评价档案中。为了保证学生学习的真实性，实验室特别搭建了一套涵盖学校、家长、实验室及第三方教育评价机构的真实性评价体系，更加客观、公正地对学生课题报告进行鉴定。

第二章　中学音乐与思政课程相融合的时代意义

音乐与思政课程的结合，给予了中学生在学习过程中更深厚的底蕴和更多的可能性。它们的融合，既可以全面增强中学生在音乐学习中的直观认知，让他们在情感的流动中感知世界、理解社会、提升素养。同时，也有效地促进了他们对思政课程内容的吸收，使学生在音乐的韵律、情操的陶冶中，深入理解并接纳社会现象和历史事件。更进一步，音乐与思政课程的结合，也为学生提供了一个锻炼和展现强大意志力的实践环境。这些因素共同作用，赋予了中学音乐与思政课程相融合在新时代中的深厚意义。

第一节　全面增强中学生音乐学习中的直观认知

中学阶段是孩子们形成自我认知、价值观念和社会责任感的关键时期。音乐教育与思政课程的融合，为孩子们提供了一个独特的学习平台，使他们在音乐的世界中理解和接纳思政课程的内容，深化对其情感价值的认同，并提升社会实践能力，最终能够全面增强他们在音乐学习中的直观认知。具体传导路径如图 2-1 所示。

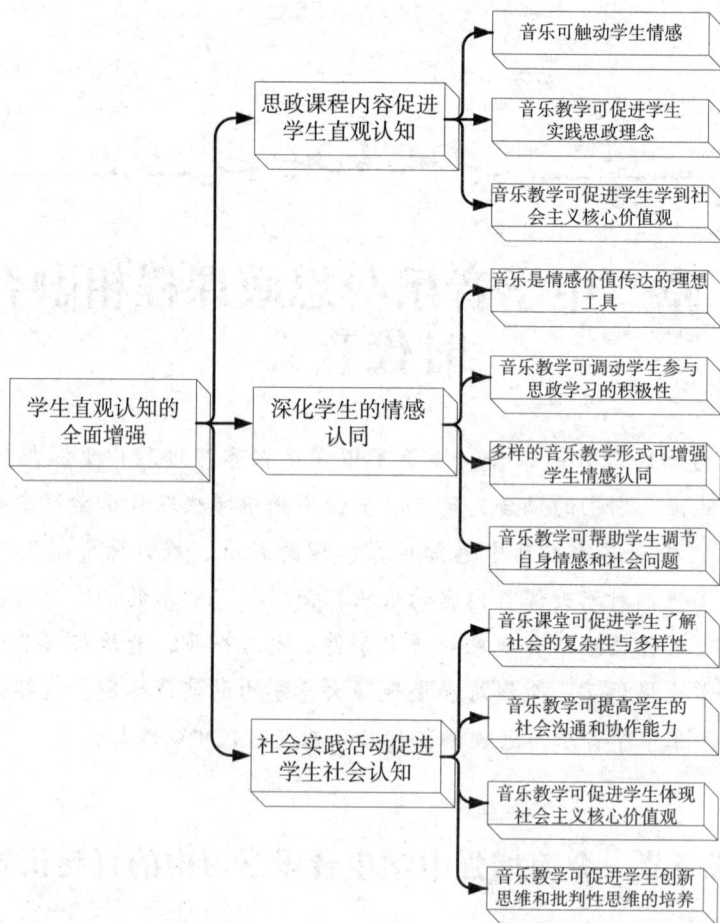

图 2-1　中学音乐全面增强中学生音乐学习中直观认知的传导路径

一、思政课程内容在音乐学习中的认知传递：增强理解力和接纳度

当思政课程的内容在音乐教学中被融入和传递，学生在享受音乐的过程中自然而然地理解和接受这些思政观念，从而增强了他们对思政课程内容的理解力和接纳度，达到一种"润物细无声"的效果。

（一）音乐可以触动人的情感

音乐是一种直观的认知方式，可以让学生在感受美的过程中，接触并理解到不同的思政理念。例如，通过学习和欣赏具有爱国主义情感的音乐作品，学生可以感受到对祖国的热爱和对人民的敬仰，从而提升自己的爱国情怀。

由于音乐具有强大的感染力和表达力，它可以触动人的情感。这种感染力和表达力，使得音乐成为一种强大的教育工具。在音乐学习中，学生不仅可以通过音乐来理解和感受音乐背后的故事和情感，而且还可以通过音乐来理解和接受思政课程的内容。例如，通过学习包含了社会主义核心价值观的歌曲，学生可以在愉快的音乐氛围中，更深入地理解和接受社会主义核心价值观。这种通过音乐来进行思政课程内容的认知传递的方式，无疑增强了学生的理解力和接纳度。

音乐学习的过程本身就是一种认知过程。在这个过程中，学生需要运用他们的观察力、记忆力和思考力，来理解音乐的构成和表达方式。这种认知过程，不仅可以提高学生的认知能力，也可以提高他们的理解力和接纳度。例如，通过分析音乐的旋律、节奏和声，学生可以理解音乐是如何表达特定的情感和主题的。通过这种方式，学生可以更深入地理解音乐背后的思政课程内容，从而增强他们的理解力和接纳度。

音乐与思政课程的结合，使得音乐不仅仅是一种艺术形式，更是一种教育工具。通过音乐，学生可以更深入地理解和接受思政课程的内容，从而全面增强他们的直观认知。这种教育方式，不仅可以提高学生的学习效率，也可以提高他们的学习兴趣，引发他们对于思政内容的深度思考和全面理解，进而提升他们的家国情怀、责任担当、格局视野等。思政教育的目的就这样通过"寓教于乐（yuè）、寓教于乐（lè）"的柔性方式达到了。

（二）音乐教学可以通过音乐创作和演奏活动，让学生实践思政理念

在音乐创作或表演过程中，学生需要将自己对思政课程内容的理解，以及对社会现象、历史事件的认知，转化为音乐语言。这是吸收之后的转化过程。学生在学习理解音乐中的思政内容后，"内化于心、外化于行"，再将自己对于这些思政知识体现在音乐创作或表演过程中。

例如，在音乐创作中，他们需要通过旋律、和声、节奏、歌词等音乐元素，来表达对思政课程内容的理解和认同。这个过程就需要学生深入思考和理解思政课程的内容，从而将抽象的概念转化为具体的音乐作品。这种音

乐创作过程，实质上是一种深度的思政课程内容的认知过程，它不仅有效地提高学生的理解力和接纳度，还将这种理解和接纳转化为智力产品进行再传播，达到影响社会、教化育人的效果。

音乐演奏活动也是一种有效的思政课程内容的认知传递方式。在音乐演奏过程中，学生需要通过自己的演奏，将音乐作品中的思政课程内容，表达给他人。这不仅需要学生对思政课程内容有深入的理解，而且还需要他们能够用音乐语言，将这些内容传达给观众。这对学生掌握思政课程也有很高的要求，他们必须深刻理解这些思政内容，并通过演奏形式精准地展现出来。例如，通过演奏一首描绘英雄事迹的歌曲，学生可以向观众传达出对英雄精神的理解和尊重。这种通过音乐演奏来传递思政课程内容的方式，无疑可以增强学生的理解力和接纳度。

（三）音乐教学可以通过团队合作的方式，让学生学习到社会主义核心价值观

音乐教学活动中，音乐创作和表演活动往往需要团队的合作。例如，他们需要共同创作一首歌曲，或者一起排练一个音乐剧等，这个过程学生需要学习和实践诚信、友善等社会主义核心价值观。在合作的过程中，学生可认识到只有在相互尊重、平等交流、共同解决问题的前提下才能完成任务。这些都是社会主义核心价值观的具体体现。也就是说，通过这种方式，学生可以在团队音乐活动实践中间接意识到思政课程内容。

这就对指导老师提出了一定的要求，就是音乐团队的指导老师要时刻有这个意识，在指导学生训练的过程中，将社会主义核心价值观的内容记在心头，并通过合适的机会或场合传达给学生，让他们感受到，即使只是一个团队作品的训练，都是在践行社会主义核心价值观，都是在体现道德情操、个人素养，并引导他们举一反三地运用到日常生活和学习中。

二、思政课程的情感价值在音乐学习中的体现：深化情感认同

音乐的直观性和情感性让其成为理想的情感价值传递工具，而且它的创作和演奏过程能激发学生参与思政学习的积极性。集体性的音乐活动，因其宏大的背景、热烈的氛围、广泛的关注，更是能够有效增强学生的情感认同，

深化他们对思政课程情感价值的理解。此外，音乐还可以作为一种情绪调节工具，帮助学生处理复杂的情感和社会问题。在音乐学习与思政课程相融合过程中，通过情感认同的深化，也能使学生的直观认知能力得到全面提升。

（一）音乐的直观性和情感性使其成为情感价值传达的理想工具

在音乐作品中，无论是歌词，还是旋律，都可以传达深深的情感和价值观。例如，前面提到过的在学习战斗歌曲过程中，可以唤起学生的爱国情怀，让他们理解和体验到思政课程中的爱国主义教育。另一个例子则是在学习一首描述环保的歌曲中，音乐可以提高学生对环保问题的认识和情感投入，让他们理解和体验到思政课程中的环保主义教育。通过这样的音乐，思政课程的情感价值能够直接、深入地传达给学生，从而增强他们的情感认同。

（二）音乐创作和演奏过程可调动学生参与思政课程学习的积极性

这种主动参与和创作过程，可以帮助学生更深入地理解和认同思政课程的情感价值。例如，当学生创作一首歌曲来表达他们对某个社会问题的看法时，他们需要深入思考这个问题，然后将自己的情感和观点融入音乐中。在这个过程中，他们不仅在实践中学习和理解了思政课程的内容，也体验到了思政课程的情感价值。

（三）音乐的集体性也使其成为增强学生情感认同的重要方式

在合唱或者乐队演奏等集体音乐教学活动中，学生需要共同协作，完成一次次的音乐表演。这种活动可以让他们体验到团队合作的乐趣，同时也能深刻体验到集体主义的价值观。例如，当学生一起为了一个共同的目标努力时，可以从中体验到集体的力量，理解集体主义的重要性。这种集体活动，势必会让学生在实践中强化对思政课程的情感认同。

（四）音乐可以作为帮助学生处理复杂的情感和社会问题的调节工具

音乐本身具有感染力，可以作为处理复杂情感和社会问题的情绪调节工具，帮助学生更好地理解和接受思政课程的情感价值。例如，一首描述人们失落或者遭受挫折的歌曲，可以引起学生共鸣，帮助学生勇敢面对自己的困扰和困难，从而提高他们的心理素质。这些音乐可以让学生感受到他们的情感被理解和接受，从而也让他们更容易接受和理解里面涉及思政内容的情感价值，即反过来又正向引导了他们处理复杂的情感和社会问题的方向。

三、思政课程的社会认知在音乐学习中的实践：提升社会实践能力

在音乐教学的实践活动中，如参与合唱团、乐队等，学生可以亲身体验和理解思政课程中的集体主义精神和团队协作等社会认知，从而提升他们的社会实践能力。

（一）音乐课堂可以帮助学生更好地理解社会的复杂性和多样性

由于音乐作品是社会文化的反映，所以它可以表达各种各样的社会情感和社会观念。例如，民歌可以反映一个地方的历史、文化和生活方式，摇滚乐可以表达反抗和独立的精神，古典音乐则可以揭示人性的深层次情感和思考等。这些音乐作品的丰富多样性，使得学生可以从多角度和多层次去理解社会。在学习这些音乐作品的过程中，学生不仅可以增强自己的社会认知能力，理解并接纳社会的多元性，也可以开阔自己的视野，增强自己的跨文化交流能力。这对于他们进行社会实践活动，如社区服务、社会调查等，具有极其重要的意义。

（二）音乐课堂可以提高学生的社会沟通和协作能力

在音乐合唱团、乐队演奏等集体音乐活动中，学生需要与他人进行深度的交流和协作，学习如何共同创作和表演音乐作品。他们需要学习如何倾听他人的想法，如何表达自己的想法，如何与他人合作完成一次次的音乐表演。这些经验不仅可以提升他们的团队合作精神和领导力，也可以提高他们的沟通能力和问题解决能力，为他们未来的社会实践活动打下坚实的基础。

（三）音乐课堂可以帮助学生更深入地理解和体验思政课程中的社会主义核心价值观

在中学音乐课堂教学活动中，创作和演奏音乐作品是必不可少的内容组

成，这样的教学实践活动有助于学生将思政课程的内容融入音乐中，通过音乐表达自己对于社会问题的看法和态度。例如，学生可以创作一首关于诚信的歌曲，来表达他们对社会诚信问题的关注和理解。在这个过程中，他们不仅在实践中学习和理解了思政课程的内容，也体验到了思政课程的价值，既提升了他们的社会实践能力，还提升了他们对于诚信等社会主义核心价值观内容的理解和认同。

（四）音乐课堂可以提升学生的创新思维和批判性思考能力

在音乐创作和演奏的过程中，学生需要运用创新思维，创造出独特的音乐作品。这不仅仅是旋律和和弦的创新，也包括如何将思政课程的内容以新颖的方式融入音乐中。这是一种更高层面的创新性要求。这种过程需要学生进行大量的思考和试验，挑战他们的思维习惯，激发他们的创新精神。同时，他们也要批判性思考，评价和改进自己的音乐作品。他们需要反思自己的音乐作品是否到位地体现了这些思政内容的精神，是否真实地反映了自己的思考，是否有效地表达了自己的情感，是否还有改进的空间。这种创新思维和批判性思考能力的训练，不仅可以帮助学生在音乐创作和演奏中提升自己，也可以帮助他们在社会实践活动中，更好地解决问题，应对挑战。

第二节 促进中学生对思政课程内容的掌握

中学时期是青少年思想观念和个性独立形成的关键时期。教育的任务之一就是通过各种形式和手段，帮助他们形成积极健康的人生观、价值观和世界观。而音乐与思政课程融合，正好可以发挥音乐的独特魅力和思政课程的实质内涵，从四个方面——增强情感共鸣、提升创新思维、提高社会适应能力、培养文化素养，全面促进中学生对思政课程内容的深入理解与积极掌握。

一、增强情感共鸣

音乐是情感的语言，它能够触动人的内心，激发人的情感。将音乐与思政课程相融合，可以通过音乐的直观感染力，引导学生对思政课程内容产生深入的情感共鸣，从而更好地吸收和理解思政课程内容。

（一）音乐本身是一种强烈的情感载体

音乐具有直接触动人们内心的强大力量。无论是轻快的旋律还是深沉的和弦，都可以引发人们的情感反应。音乐课堂上，学生有机会接触到各种类型和风格的音乐作品，这些作品不仅包括不同的音乐风格，还包括不同的情感主题。例如，一首充满激情的红色歌曲可以引发学生的正义感，一首描述友情的歌曲可以让学生感受到温暖和亲近，一首表达爱国情怀的歌曲可以唤起学生的爱国心。这些音乐作品的情感主题和思政课程中的许多主题是相符合的，如公民责任、社会公正、爱国主义等。通过音乐作品，学生可以更直接、更深入地理解和感受到这些主题，从而提高他们对思政课程内容的吸收。

（二）音乐创作和演奏是一种情感的自我表达和自我挖掘的过程

在音乐课堂上，学生不仅可以学习如何欣赏音乐，还可以学习如何创作和演奏音乐。他们可以将自己的情感和思想融入音乐中，这种过程不仅可以提高他们的音乐技能，还可以帮助他们更深入地理解和体验到思政课程中的各种情感主题，并将这些情感挖掘出来。例如，当学生在创作一首关于社会公正的歌曲时，他们需要深入思考自己对社会公正的理解和感受，然后将这些理解和感受转化为音乐。这种过程可以使学生从内心深处接受和理解思政课程的内容，从而提高他们的学习效果。

（三）音乐的集体演奏和创作活动可以提升学生的集体意识和合作精神

在音乐课堂上，学生往往需要进行集体演奏或创作活动。这种活动要求学生共享情感，共同创作，这无疑可以增强他们的集体意识和合作精神。音乐团体活动如合唱团、乐队等，需要学生协同工作，共同完成一首歌曲的演唱或一部乐曲的演奏。在这个过程中，学生需要互相配合，互相支持，共同解决问题，这样的经验对于增强他们的集体意识和合作精神非常有帮助。这些能力和精神对于理解和吸收思政课程的内容，如集体主义、团结协作等主题，有着重要的作用。

（四）音乐课堂还可以提供一个情感支持和情感安全的环境

音乐的艺术性和表达方式的特定性，使其具有更为灵活的想象空间和自由度，因此，音乐课堂通常可以营造出一种特殊的氛围，那就是温暖、接纳和鼓励。在这样的环境中，学生可以自由地表达自己的情感和想法。这种自由表达的氛围使学生更有可能打开心扉，接纳新的知识和观念。这就是为什么音乐课堂可以有效地促进学生对思政课程内容的接受和理解。

音乐课堂的情感支持和情感安全的环境可以帮助学生更好地应对思政课程中可能存在的挑战。思政课程中的一些主题可能会挑战学生的观念和信念，例如公民责任、社会公正等。这些主题需要学生对自己的行为和态度进行反思，这对于一些学生来说可能是困难的。然而，音乐课堂的情感支持和情感安全的环境可以帮助学生更好地适应这些主题，应对这些挑战。在这样不用特别严肃和拘束的环境中，学生可以自由地探索自己的情感和思想。

还有一点不可否认，即音乐课堂的情感支持和情感安全的环境也可以帮助学生建立信心。在音乐课堂上，学生可以通过创作和演奏音乐来表达自己的情感和思想。这种借助于音乐载体的表达方式比较容易得到大家的认可和喜爱，可以让学生感到被接纳和支持，从而增强他们的信心。这种信心可以转化为学习的动力，使学生更有动力去学习和理解思政课程的内容。

（五）音乐课堂通过情感的共鸣，可以帮助学生建立更强烈的社会认同感

音乐课堂上的情感共鸣对于建立学生的社会认同感具有重要的推动作用。音乐作为一种强烈的情感载体，能够让学生对音乐作品产生共鸣，从而引发深深的情感反应。这种对音乐作品的情感共鸣使得学生可以更加深入地理解各种社会现象，感受到自己是社会的一部分，从而建立起强烈的社会认同感。

例如：当学生听到一首描绘社会问题的歌曲时，他们可能会对歌曲中描绘的情境产生共鸣，更加深入地理解这些社会问题，从而感受到自己与这些

社会问题的紧密联系。这种感觉可能会促使他们想要采取行动，去解决这些问题，从而建立起强烈的社会认同感。

这种社会认同感对于学生理解和接受思政课程中的主题，如社会责任和社会公正，具有重要的推动作用。当学生感受到自己与社会的紧密联系时，他们可能会更加愿意接受社会责任，追求社会公正。例如，当学生理解到自己的行为可以影响社会，他们可能会更加愿意承担起自己的社会责任。

二、提升创新思维

音乐创作需要发挥创新思维，这也是思政课程所倡导的素质之一。音乐与思政课程的融合，可以通过音乐创作的过程，激发学生的创新思维，帮助他们以新的视角和思路理解和解决社会问题。

（一）音乐课堂的教学模式通常鼓励学生自由发挥和创新

音乐课堂的互动沉浸式教学模式鼓励学生自由发挥和创新。这一点体现在音乐创作、演奏或欣赏的过程中，学生被激励运用自己的创新思维，去探索和尝试各种可能的音乐形式和表达方式。这种鼓励创新的教学模式有多方面的积极影响。对于个体，学生的独立思考能力得以锻炼，他们在这个过程中学会了怎样挑战传统、尝试新的事物；对于整体，整个班级的思维活跃度得到提升，形成了一种鼓励探索和创新的课堂氛围。

不可否认，音乐课堂的这种教学模式也对学生的思政课程学习产生了积极的影响。例如，当思政课程引入一些新的观念和新的理念时，比如社会主义核心价值观等，学生的创新思维能力就会发挥作用。他们能够独立思考，自由发挥，从而更好地理解和吸收这些新的内容。这种理解和吸收不是机械记忆，而是通过自我思考和理解得到的，因此更为深入和持久。

（二）音乐课堂的实践活动可以让学生将他们的创新思维应用到实际中

中学音乐课堂实践活动的特色就在于可以让学生将他们的创新思维应用到实际中。每一次音乐实践都是一个富有创新性的过程，学生需要运用创新思维，以独特的方式表现音乐。学生可能会尝试不同的演奏技巧，或者创作出全新的音乐作品。在这个过程中，学生的创新思维被激发和提升。

这样的创新思维培养实践活动中其实也是对思政课程的一个实际应用。学生可以将他们对于思政课程的理解和认识，以音乐的形式表现出来。例如，学生可以以社会主义核心价值观为主题，创作出一首歌曲。这首歌曲不仅体现了学生对于社会主义核心价值观的理解，也体现了他们的创新思维。在表演这首歌曲的过程中，学生可以进一步理解和体验到社会主义核心价值观的含义。

（三）音乐课堂的创新环境，可以培养学生的批判性思维

音乐课堂创新思维培养的环境也对培养学生批判性思维起着重要作用，其原因在于这种环境鼓励学生批判性地思考问题，独立分析和评价各种音乐作品。学生需要运用批判性思维，去分析和评价各种音乐作品。例如，学生在欣赏一首歌曲时，不仅需要欣赏其旋律和歌词，还需要思考其背后的文化内涵和社会意义。

这种批判性思维能力对于思政课程的学习也有重要作用。思政课程中，有很多复杂的问题和挑战需要学生去思考和理解。例如，关于社会公正和民主政治的问题，需要学生深入思考，理解其内涵，批判性思维在这个过程中就会发挥重要作用。

三、提高社会适应能力

音乐活动往往需要团队合作，这无疑可以提升学生的社会适应能力。通过参与音乐活动，学生可以学习和实践团队合作精神和社会责任感，这对于他们未来的社会生活具有重要的锻炼价值。

（一）音乐课堂可以提供一个实际的环境，让学生提高他们的社会适应能力

音乐课堂的实质性价值之一在于其对学生社会适应能力的提升。这里的社会适应能力包括与他人合作、尊重他人、解决问题等多个方面。学生通过参与合唱、乐队演奏等集体活动，将学习如何在一个多元的环境中相互交流和协作。同时，这些能力和素质的提高，也会对他们理解和接受思政课程的内容，如公民道德、社会责任等，有着积极的促进作用。

通过与他人合作，学生能学会如何解决团队中可能出现的问题，比如如何处理不同的意见，如何协调各自的工作，如何共享资源等。这些技巧在现实生活中极其重要，特别是在日益复杂和多元化的现代社会中。同时，这种合作也能让学生理解到，一首成功的曲子离不开各个音符和各种乐器的配合，每个人就如同这音符或乐器，都有其独特的作用和价值。这对于他们理解公民道德的重要性，如尊重他人、公平对待他人等，有着直接的帮助，因为这些不是通过说教的形式，而是在共同完成一项工作的过程中，通过亲身参与和个人感受就能体会得到的，生动得多，也深刻得多。

通过参与这些活动，学生也能学会如何处理突发情况，如何适应变化，如何从失败中学习，这些能力将在他们日后的生活和工作中发挥重要作用。而这些经验，也会对他们理解思政课程中的社会责任，如积极面对困难，有责任心地解决问题等，有着积极的推动作用。

（二）音乐课堂可以通过音乐创作和演奏，让学生了解和理解社会的多样性

音乐作为一种全球性的艺术形式，蕴含了各种文化、风格和观念。音乐课堂提供了一个机会，让学生能够接触到来自不同文化和背景的音乐作品，这将帮助他们开阔视野，增强他们的社会适应能力。这种能力的提高，对于他们理解和接受思政课程中的公平正义等主题，有着重要的作用。

在音乐课堂上，学生会接触到各种风格和类型的音乐，如古典音乐、流行音乐、民族音乐等。这些音乐作品来自不同的文化和社会背景，反映了不同的价值观和生活方式。通过学习和理解这些音乐作品，学生可以了解到，世界是多元的，每个文化和社会都有其独特的特点。这种理解，会帮助他们在日后的生活和工作中，更好地适应和理解社会的多样性。

通过音乐创作和演奏，学生也可以理解和体验到社会的多样性。例如：他们可以通过创作一首关于自己生活经验的歌曲，来表达自己的观点和感情。这种过程，不仅能够提高他们的音乐技能，也能够让他们了解到，每个人都有自己的声音和故事，这是社会多样性的重要体现。这种理解和体验，对于他们理解和接受思政课程中的公平正义等主题，如尊重他人的权利等，有着重要的推动作用。

（三）音乐课堂的教学活动可以培养学生的批判性思维和独立思考的能力

音乐课堂上的一些活动，如音乐分析、音乐批评等，可以培养学生的批判性思维和独立思考的能力。这些能力，对于他们理解和接受思政课程中的各种复杂问题和挑战，如社会公正、民主政治等，有着重要的作用。

在音乐分析的过程中，学生需要运用他们的批判性思维，去理解和评价一首音乐作品的结构、风格、主题等方面。这种过程，可以训练他们的观察力、分析力和判断力，使他们能够更好地理解和评价各种信息和情况。这种能力，对于他们理解和接受思政课程中的社会公正等主题，如公平分配资源、保护弱势群体的权益等，有着直接的帮助。

另外，通过音乐批评的活动，学生可以学会如何独立思考，如何根据自己的观点和感觉，去评价一首音乐作品。这种过程，不仅可以培养他们的独立思考的能力，也可以让他们了解到，每个人都有自己的观点和感受，这是社会多样性和民主的重要体现。这对于他们理解和接受思政课程中的民主等主题，尊重他人的观点，保护公民的表达权利等，也有着重要的推动作用。

（四）音乐课堂的社会性活动可以让学生的社会适应能力得到稳步提高

在音乐课堂上，除了传统的教学活动之外，还有很多社会性的活动，如音乐会、比赛、公演等。这些活动，不仅可以帮助学生提高他们的音乐技能，还可以让他们了解和体验社会的运作方式，增强他们的社会参与意识。这种实践性的学习过程，对于他们理解和吸收思政课程中的社会实践主题，如公民参与、社区服务等，有着重要的促进作用。

学生参加音乐会或比赛时，需要了解和遵守各种规则，需要与他人合作，需要公开表演，这些经验会帮助他们理解和体验社会的运作方式。同时，通过这些活动，学生也能了解到，每个人都可以通过自己的努力和贡献对社会产生积极的影响，这是公民参与的重要体现。这种理解和体验，对于他们理解和接受思政课程中的公民参与等主题，如积极参与社区活动，支持公共事业等，也有着重要的推动作用。

还可以通过公演等活动，让学生了解到艺术和文化是社会的重要组成部分，他们可以通过自己的表演传播美和爱，带动社区的发展。这种经验对于他们理解和接受思政课程中的社区服务等主题，如志愿者服务、社区发展等，也有着重要的推动作用。

四、培养文化素养

音乐是文化的载体，通过音乐学习，学生可以接触和理解不同的文化背景和价值观。将音乐与思政课程相融合，可以通过音乐的形式引导学生对中华优秀传统文化和世界多元文化有更深入的认知和理解，从而提升他们的文化素养。

（一）音乐课堂为学生提供了接触和了解不同文化的机会

音乐课堂为学生提供了接触和了解不同文化的机会，它是一座无形的"文化桥梁"，连接了全球各地的文化。在这个多元化的教学空间中，学生可以亲身感受到多元文化的魅力，感受到不同音乐文化的特色，以及其中蕴含的丰富情感和深刻内涵。这样的经历不仅能够增加学生的知识储备，提升他们的文化素养，同时也能让他们更好地理解和接纳多元文化和全球化这些复杂的思政课程主题。通过亲身体验和感受，学生对于这些抽象的概念和理论将有更深刻的理解和认识。

（二）音乐课堂通过音乐创作和演奏，可帮助学生理解和体验文化的内涵和价值

音乐课堂上的音乐创作和演奏活动，更是一种深度的文化体验。在创作或演奏音乐作品的过程中，学生需要深入理解作品中的文化信息和情感内涵，通过这种过程，他们可以深入理解文化的内涵和价值。他们可以通过创作，将自己对于特定文化的理解和体验，以音乐的形式表现出来。这种过程不仅能够让他们深入体验到文化的魅力，更能够提升他们的文化素养，让他们更好地理解和接受思政课程中的各种文化主题，如民族文化、传统文化等。

（三）音乐课堂的教学方法可以培养学生的批判性思维和文化审美能力

在音乐课堂上，教学方法的多样性，也是培养学生批判性思维和文化审美能力的一个重要途径。在欣赏、分析和评价各种音乐作品的过程中，音乐

老师们需通过直观视听欣赏、作品视听对比、演奏体会等不同的教学方法，引导学生运用批判性思维去分析音乐作品的优缺点，理解作品中的文化元素和艺术技巧。这种过程可以让他们锻炼和提升批判性思维能力，提升他们的文化审美能力。这些能力的提升对于他们理解和接受思政课程中的审美主题，如美学、审美教育等，有着重要的作用。通过欣赏和分析音乐作品，学生们可以学会批判性思考，提升他们的审美能力，这对于他们的思政教育有着积极的推动作用。

（四）音乐课堂的社会性活动可以让学生在实践中提升他们的文化素养

音乐课堂上的社会性活动，如音乐会、音乐比赛等，也是提升学生文化素养的重要途径。这些活动可以让学生有机会在实际的社会环境中接触和了解不同的文化，让他们在实践中体验到文化的多样性和丰富性，提升他们的文化素养。这种提升对于他们理解和接受思政课程中的各种社会主题，如文化交流、文化包容等，有着积极的推动作用。在这种过程中，他们可以更好地理解和体验到文化的多样性和包容性，对于他们的思政教育有着积极的推动作用。

第三节　促进中学生强大意志力的形成

音乐教育与思政课程，看似泾渭分明的两个领域，在中学阶段却能够以意想不到的方式相融合，并能产生意想不到的效果。音乐教育中培养学生的自律与毅力，思政课程中加强学生对社会责任的理解，音乐与思政课程相融合带来的实践环境，以及对不同文化价值观的认知，四者交织，如同一张繁复的网，为中学生强大意志力的形成提供了丰富的营养。

一、音乐教育可以培养学生的自律精神和毅力

音乐学习需要持之以恒地练习和不断地挑战，这需要学生有强大的自律精神和毅力。在音乐学习的过程中，学生会逐渐理解到成功并非一蹴而就，而是需要长时间的努力和坚持。这种意识和习惯的形成，有利于他们在面对生活和学习中的困难和挑战时，展现出坚定的意志力。

（一）音乐学习本身就是一个长期、持续的过程

在中学音乐课堂教学活动中，任何一种乐器的学习或是音乐理论的掌握，都需要耐心与坚韧不拔的精神。学生需要管理好自我，制订并遵守练习计划，直至达到预设的目标。这个过程中的自我管理和持续努力，无疑是对学生自律精神和毅力的锻炼。在遵守学习规划的过程中，学生逐渐明白了只有通过自我约束，才能持续不断地进行学习和提高，这就是自律精神的体现。同时，在达到预设目标的过程中，他们需要面对各种挑战，需要坚持不懈，这就是对毅力的培养。

（二）在音乐学习的过程中，挑战会时常伴随其中

对广大中学生而言，音乐学习的过程常常充满了挑战，这些挑战可能源自一首难以掌握的曲目，也可能源自一次公开的演奏展示。面对这些挑战，学生需要足够的毅力去应对和克服。在应对这些挑战的过程中，学生可能会遭遇失败，但是他们会从失败中吸取教训，学习如何从失败中站起来，学习如何不断尝试和改进，直至最终成功。这个过程，无疑是对学生意志力的锻炼，让他们学会在困难面前不退缩，坚持到底。

（三）音乐课堂倡导学生挖掘自我和展示自我

从中学音乐课堂教学的基本理念出发，倡导学生充分挖掘自我和展示自我，这是一种独立思考的过程，也是一种勇于表达的过程。在音乐的世界里，学生可以自由地表达自己的感情和思想，可以创造出属于自己的音乐。这种过程需要学生有独立思考的能力，需要他们有勇气去表达自己，这就是对学生意志力的一种锻炼和提升。他们会明白，只有勇于表达自己，才能在音乐的世界里找到属于自己的位置。

（四）音乐教育的环境常常是一个团队合作的环境

随着新课程改革的不断深化，中学音乐课程教学的形式也在不断创新，合作探究已经成为广大教师的普遍选择。合唱团或是乐队也成为中学音乐课程教学的大环境。在该教学环境之下，学生需要遵循规则，需要共同努力以达成共同的目标。在这种团队的环境中，学生可以深刻地体验到自律的重要

性，他们会明白，只有每个人都能够自律，团队才能高效地运作，才能达成共同的目标。这就是对他们意志力的一种提升，他们会明白，只有坚持自律，才能在团队中发挥出最大的效能。

二、教授思政课程，可以帮助学生理解和接受社会责任

理解社会运行的规律，形成正确的社会观念，体验和理解社会责任，以及形成正确的世界观、人生观和价值观，这些都是思政课程所着重要传达的信息。思政课程的内容贯穿了社会科学知识的教授与实践活动的实施，帮助学生们洞悉社会的运行机制。通过讨论社会现象，引导学生们深入思考，由此形成健康的社会观念。思政课程还在实践活动中让学生们切实体验和理解到承担社会责任的重要性。在这一过程中，正确的世界观、人生观和价值观的塑造，使学生们的意志力得以提升，为他们在音乐课堂与思政课程的交融中提供了坚实的基础。

（一）社会科学知识的传授有助于学生理解社会的运行规律

由于向学生传授社会知识，可以帮助其理解社会的运行规律，明白他们作为社会公民，需要为自己的行为负责，需要对社会的发展作出贡献，进而形成一种社会层面的认知。而这种认知可以让学生意识到，他们的每一次行动都会影响到社会的运行，都会对社会的进步产生影响。所以，在这种影响下，学生的社会责任感得以提升，他们会对自己的行为更加审慎，对社会的发展更加关心。在面对生活和学习中的困难时，他们会因为这种社会责任感而展现出坚定的意志力。

（二）思政课程通过讨论社会现象，引导学生形成正确的社会观念

在思政课程教学活动中，教师会深入浅出地解读各种社会现象，并引导学生进行深度思考和讨论。这样的讨论不仅局限于课堂内，也可以扩展到课外。例如，对于公平正义的讨论，可以延伸到学生的日常生活中，对于班级中的公平问题、学校中的公平问题、社会中的公平问题等，都可以进行深入讨论。在这些讨论中，学生可以了解到社会公正的重要性，可以理解到作为公民，每个人都需要对社会公正负责。这种理解可以让他们的社会责任感得

到提升，他们会明白自己的行为不仅影响自身，更会影响到他人，影响到整个社会。这样，他们在面对困难抑或遭遇挫折时，会凭借这种责任感，展现出坚定的意志力，不轻易放弃。

（三）教授思政课程，通过实践活动，让学生在实践中体验和理解社会责任

在中学思政课程教学活动中，理论教学只是课程体系的基本结构之一，而实践活动通常也是课程体系的重要组成部分。实践课程中可能会安排一些志愿者服务、社区服务等活动，让学生亲身参与到社会服务中。在此过程中，学生会与社区居民、需要帮助的人群等直接接触，他们可以亲手为他们提供帮助，解决他们的问题。这样的体验可以让学生更直观地理解到社会责任的含义，也能让他们感受到为社会作出贡献的喜悦和自豪感。在帮助他人的过程中，他们会明白，自己的行为确实可以改变他人的生活，可以改变社会。这样的理解和体验，既会提升他们的社会责任感，也会提升他们的意志力。

（四）教授思政课程，通过引导学生形成正确的人生观和价值观，进一步提升他们的意志力

在中学思政课程教学活动的日常安排中，教师会通过讲述历史事件、社会现象，引导学生思考人生的意义，思考成功需要什么，思考如何对待失败等问题。在这个过程中，学生会明白，人生并不总是一帆风顺，成功也需要付出坚持不懈的努力。这种理解可以让他们明白，只有坚定的意志力，才能够在困难面前坚持下去，才能够取得成功。同时，教师也会引导学生理解，失败并不可怕，可怕的是遭遇失败后放弃努力。这种理解可以让学生在遭遇困难时，不轻言放弃，而是坚定信念，继续努力。这样的理解可以提升他们的意志力。

三、音乐与思政课程相融合可以为学生提供一个实际的实践环境

音乐和思政课程，两者在独立的教学过程中各具特色，而当它们相融合，就如同两股力量的交织，推动学生在真实的实践环境中锻炼和成长。音乐教育，那是一条需要长期坚持和耐心细致的艰辛之路；而思政课程，则是

学生们在理解抽象社会科学知识过程中的一场挑战。两者的相互融合，便是挥舞着双重力量，为学生营造出一个实际的实践环境，帮助他们塑造出坚韧不拔的意志力。团队合作中的音乐与思政课程的融合，更是给予了学生们在实际环境中学习和实践社会责任与公民精神的宝贵机会。

（一）音乐教育是一个需要长期坚持和不断努力的过程

在中学音乐课堂教学活动中，无论是学习乐器演奏、声乐学习，还是音乐理论的掌握，都需要一定的毅力。这是因为音乐的学习并不是一蹴而就的，它需要长时间的练习和反复的磨砺。在学习的过程中，学生会面临各种挑战，比如技巧的提升、曲目的掌握等，这都需要学生有强大的意志力去持续学习和进步。同时，音乐的学习也是一个富有创造性和表达性的过程，学生需要通过音乐来表达自己的情感和思想，这需要他们有足够的勇气和决心。

（二）思政课程本身需要学生对于抽象的社会科学知识进行理解和实践

思政课程本身是对社会科学知识进行理解和实践的一个过程，它强调的是对社会主义核心价值观的理解和实践，这是一种挑战，因为它需要学生有坚定的意志力去理解并将其内化为自己的行为准则。社会科学知识的理解和实践，需要学生对社会现象有深入的理解，需要他们对社会的规则和道德标准有明确的认知。同时，社会科学知识的实践，也需要学生有足够的勇气和决心，去在真实的社会环境中实践他们的知识和理论。

例如，对于公正的理解，就需要学生对社会现象有深入的理解和判断能力。在现实生活中，公正并不只是一种抽象的概念，而是需要通过对社会事件的理解，去感知和体验的。只有通过深入理解社会现象，才能真正理解公正的含义，才能真正将公正的原则应用到实际行为中。同样，对于"公民责任"的理解和实践，也需要学生有明确的认知和坚定的行动。公民责任不仅仅是遵守法律，而是需要在日常生活中，对社会、对他人有一种积极的责任感。这种责任感需要通过实际行动去实践，需要有坚定的意志力去支持。

（三）二者的融合需要把强大意志力的学习过程结合起来

中学音乐课堂教学活动和思政课程的融合，可以为学生提供一个实际

的实践环境，促进他们强大意志力的形成。例如，通过音乐创作、演奏，学生可以直观地理解和实践社会主义核心价值观。音乐的表达方式可以让思政课程的学习变得更加生动和有趣，增加学生的学习兴趣和动力，从而进一步促进他们的意志力的形成。这是因为音乐的创作和演奏，不仅需要学生有一定的音乐技巧，还需要他们有对社会深入的理解和感受，以及丰富的情感表达。

（四）二者的融合也让学生有机会在团队合作中学习实践社会责任和公民精神

无论是合唱团还是乐队，都需要团队的合作和个人的自律，这无疑是对学生意志力的一种锻炼。在团队中，学生需要学会与他人合作，需要学会对自己的行为负责，需要学会为团队的利益而付出努力。这种团队合作的经历，可以让学生更好地理解和实践社会责任和公民精神，从而进一步提升他们的意志力。

例如，在合唱团或乐队中，学生需要按时参加排练，认真练习，这就是一种自律和对团队的责任；在团队演出中，他们需要配合其他成员，共同完成一次演出，这就是一种合作和对团队利益的付出。这些都是学生在实践中体验和理解社会责任和公民精神的具体表现。同时，团队合作也是一种对学生意志力的锻炼，因为它需要学生克服困难，面对挑战，坚持不懈，这无疑可以提升他们的意志力。

四、音乐与思政课程相融合可以促进学生树立正确的世界观、人生观和价值观

音乐和思政课程，如同两条河流，各自带着丰富的文化内涵和教育价值在流淌。而当这两条河流交汇融合，就能形成一个深远且包罗万象的教育大洋。音乐，作为无国界的语言，向我们传递着人类共有的情感和价值；思政课程则通过对社会现象和历史事件的剖析，指引学生树立正确的世界观、人生观和价值观。这两者的交融，引领学生走向更广阔的视野，接触到丰富多彩的世界。

（一）音乐是一种无国界的语言，能够表达人类共有的情感和价值

在音乐的世界里，无论文化背景、语言有多大的差异，都无法阻挡人们对音乐的理解和感知。在这一点上，音乐有着极其重要的意义。通过学习和欣赏不同文化的音乐，学生能够了解和接受不同文化的价值观，拓宽他们的视野，增强他们的包容性。面对多元文化的冲击，需要学生有坚定的意志力去面对可能出现的文化冲突和困扰。

拿中国古代的琵琶和西方的吉他为例，尽管两者在音色、演奏技巧上有所不同，但都能够表达出深深的情感和价值观。学生在学习和欣赏琵琶弹奏的乐曲与吉他音乐的过程中，不仅可以领略到中国和西方的音乐魅力，更能深入理解中国与西方的文化价值观。在这个过程中，他们可能会面临理解和接受不同文化的困扰与冲突，但只要他们有坚定的意志力，就能够克服困难，了解多元文化的差异。

（二）教授思政课程，可以引导学生树立正确的世界观、人生观和价值观

思政课程在中国的教育系统中占有举足轻重的地位，这是因为它承载着引导学生树立正确的世界观、人生观和价值观的重要任务。这个过程，是需要学生展现出坚定的意志力和足够的毅力的。

（三）二者相融合可以为学生提供一个了解不同文化价值观的平台

中学音乐与思政课程相融合，学生既可以通过学习世界各地的音乐，直观地了解不同的文化价值观，又可以通过思政课程的讨论和实践，更深入地了解这些文化的差异和冲突。这种学习和实践的过程，无论对于提升学生的文化素养，还是对于培养他们的思考能力，都有着极其重要的作用。

例如，在音乐与思政课程的融合中，学生可以学习巴赫的音乐和启蒙时代的思想观念，可以通过亲身实践去了解和体验这些文化。在这个过程中，他们不仅可以拓宽自己的视野，提升自己的文化素养，还可以在面对文化差异和冲突时，锻炼和提升自己的思维能力。因此，音乐与思政课程的融合，无疑是一种有效的教学策略，它可以促进中学生在音乐课堂上开阔眼界。

第三章　中学音乐与思政课程相融合的
理论基础

中国的教育思想，无论是古代、近代，还是当代，都为中学音乐与思政课程相融合提供了丰富而深厚的理论基础。古代的教育思想，如西周的礼乐制度和儒家的音乐思想，就强调了音乐教育与人的道德品质培养的内在联系。近代，面临国家危机与民族振兴的大背景，教育思想开始强调思想道德教育在国民身心成长中的重要性。而进入当代，特别是新中国成立后，思政教育更是被视为国家建设和社会发展的重要支柱，为音乐课程与思政课程的深度融合奠定了坚实的基础。每个时期的教育思想都深刻反映了当时社会的实际需求和历史走向，这一历史的积淀和融汇，使得中学音乐与思政课程的相融合成为一种理论上可行且实践上具有重大意义的教育策略。这些理论思想的直观体现如图 3-1 所示：

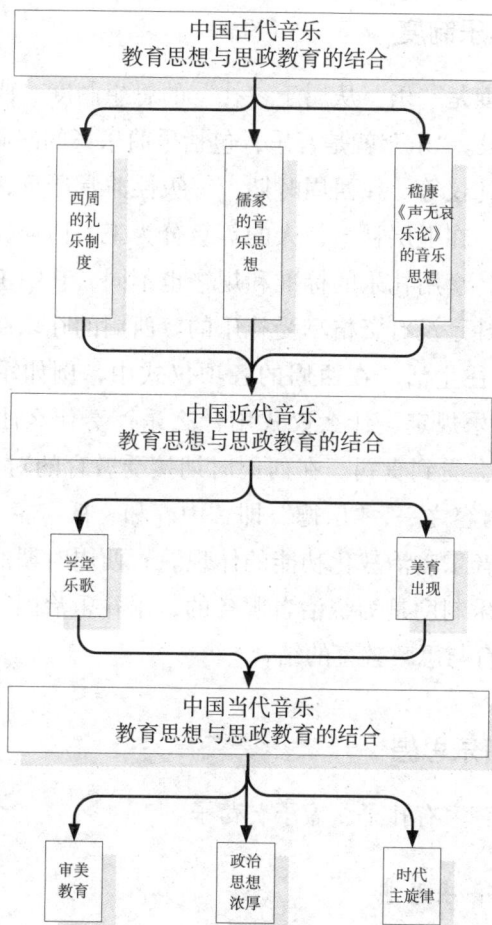

图 3-1　中国古代音乐教育思想与思政教育的结合

第一节　中国古代音乐教育思想与思政教育的结合

　　历史的长河中，中国古代关于音乐教育的思想在社会治理和人类发展中发挥了重要作用。其中，西周的礼乐制度和儒家的音乐思想是中国古代教育思想的重要组成部分。礼乐制度通过规范人们的行为，弘扬社会秩序，而儒家的音乐思想则强调音乐教育在塑造人格、修身养性中的独特价值。这两种思想的深度结合，为我们理解和实践思政教育提供了宝贵的历史经验和理论依据。

一、西周的礼乐制度

西周的礼乐制度是"乐"从属于"礼"的思想制度。西周时期"乐"是上层社会的统治手段。"乐"就是音乐，包括乐曲乐舞的编制和使用等；"礼"是西周时期的社会礼仪等。在西周时期，等级性非常严重，根据礼乐制度会把人分为三六九等。在上层社会，人的等级分为王、诸侯、卿大夫、士，根据等级地位的不同，享用礼乐的标准和规格也不同，其中王可以享用最好规模的礼乐，平民百姓是没有资格享受礼乐的。西周的礼乐制度非常严格，规范着当时人们的交往生活。在西周的各项仪式中，例如军事、娱乐、大射等，都有严格的礼乐规定，什么仪式用什么乐，奏什么曲等不能违背、更改和僭越，否则就会受到责罚。在西周时期接受教育的对象都是贵族子弟。"乐德"是教育的内容之一，"乐德"即"中、和、祗、庸、孝、友"，主要注重道德伦理，是音乐政治教化功能的体现。① 西周时期的教育目的就是巩固统治，西周的礼乐制度是为统治者服务的，用礼乐治国。西周的礼乐制度充分体现了音乐教育与思政教育的结合。

二、儒家的音乐思想

儒家的主要教育家有孔子、孟子、荀子。

（一）孔子的音乐思想

孔子的音乐思想是儒家教育思想的基础，孔子具有很高的音乐修养和才能。孔子的核心思想是"仁"，其认为树立"仁"的思想有利于达到礼乐治国的目的。道德的最高境界和最高准则就是"仁"，而"乐"是达到"仁"的一种手段。他主张"乐"和"礼"结合起来，做到"礼乐并举"。通过乐教的理论影响人们的思想观念，从而使人们自觉遵循礼法，达到"礼"的目的。也就是《礼记·文王世子》所说："乐，所以修内也；礼，所以修外也。礼乐交错于中，发行于外，是故其成也怿，恭敬而温文。"② 孔子认为，音乐教育中的审美应该是"中和美"，要求音乐可以达到政

---

① 喻意志.中国音乐史（第 2 版）[M].长沙：湖南文艺出版社，2011：14.

② （元）陈澔.礼记集说[M].南京：凤凰出版社，2010：35.

治内容与艺术形式相统一，要求音乐内容应"尽善尽美"。孔子十分看重音乐教育，把"礼乐"作为六艺的中心。他认为没有接受过音乐教育的人是不可能成为完美的人才的。正如《论语·泰伯》中的记载"兴于诗，立于礼，成于乐"，这句话体现了孔子教育思想的宗旨。① 他认为，音乐对于塑造人的思想和治理国家有着潜移默化的作用。

（二）孟子的音乐思想

儒家思想发展于孟子，孟子继承和发展了孔子教育思想中"仁"的思想，孟子的教育思想以性善论为基础，以仁政为核心，他对音乐持有的态度和观点也是和仁政思想相一致的，孟子对于"乐"的观念也与孔子相同。《孟子·离娄上》中写道："仁之实，事亲是也；义之实，从兄是也。智之实，知斯二者弗去是也；礼之实，节文斯二者是也；乐之实，乐斯二者，乐则生矣；生则恶可已也，恶可已，则不知足之蹈之、手之舞之。"② 这段话描述了仁、义、智、礼、乐的实质，并且论述了人们用音乐舞蹈表达自己的愉悦之情，人在践行仁义时感到了快乐就会情不自禁地手舞足蹈起来。这也说明音乐和仁义礼智之间是有联系的。

孟子认为"乐"是可以治国安邦的，但是要服从"君与民同乐"这个原则，否则就算是尽善尽美的"韶乐"也做不到治国平天下。孟子提出"仁言不如仁声之入人深也"，孟子讲的"仁言"指的是讲道理；"仁声"指的是音乐。③ 音乐对人思想的影响可以达到单纯的语言做不到的感染力，利用音乐来说理更能深入人心，从而达到政治要求的目的。孟子的观点充分肯定了音乐的社会功能，对后世产生了深远影响。

（三）荀子的音乐思想

儒家的音乐思想成熟于荀子，他的音乐思想主要体现在《乐论》这一音乐专著中。荀子认为音乐是人们表露真情的体现，音乐有教化人的作用，音乐最大的特点是"中正平和"。荀子非常肯定音乐的社会功能，认为音乐对

---

① 鄙爱红.儒家乐教思想与和谐社会 [J].中国人民大学学报，2007（4）：40-45.
② 李中静.孟子的"与民同乐"与"美感共同性"[J].安徽文学（下半月），2008（2）：94-95.
③ 傅佩荣.孟子的智慧 [M].北京：中华书局，2009：230.

内可以调整君臣、父子、兄弟、上下、长少之间的关系；对外可以抵御外敌，富国强兵，但是他认为只有严肃庄重的音乐才能发挥其社会功能。荀子认为要达到天下太平，人民安居乐业的目的，必须要"美善相乐"，就是礼仪和情态与音乐结合为一体。荀子的教育思想充分地证明了音乐具有潜移默化的伦理教化作用。

（四）《乐记》的音乐思想

《乐记》是我国现存最早的音乐理论专著。《乐记》对音乐的本质以及客观事物与音乐的关系进行了解释："凡音之起，由人心生也；人心之动，物使之然也；感于物而动，故形于声；声相应，故生变，变成方，谓之音；比音而乐之，及干戚羽旄；谓之乐。"[1] 这段话描述音乐的本质是人对客观事物的主观能动的反应所产生的情感，再通过乐舞、音响表现出来。由"情动于中，故形于声"可以看出，《乐记》反复论证人的思想情感与音乐相关联，情因动生，动又生乐的观点。

《乐记》中还非常详细地论述了音乐的社会功能，强调音乐可以反映国家的政治状态和社会风气，即"审乐以知政"。它对音乐与政治的关系进行周详地阐述，《礼记·乐记》："是故治世之音安以乐，其政和；乱世之音怨以怒，其政乖；亡国之音哀以思，其民困；声音之道，与政通矣。"[2] 这段话是说，如果音乐中充满安定快乐，政治一定平和；音乐中充斥着亡国的哀怨与忧思，政治必定混乱，政治与音乐是相通的。《乐记》中还论述了音乐色彩会随着人的情感变化而变化，不同的音乐具有不同的审美情感特征。音乐可以真实地体现出社会问题、人世情感、事实善恶等，对社会安定、国家治理、政治平和有着至关重要的作用。

三、嵇康《声无哀乐论》的音乐思想

《声无哀乐论》是嵇康针对儒家思想所著，与儒家思想不同的是，《声无哀乐论》更注重音乐的形式和美感，把音乐当成一种相对独立的艺术来看待。当中也涉及了大量的音乐美学思想，论述了音乐的本质、功能、审美性

---

① 张雪敏.《礼记·乐记》的乐教思想 [J]. 南都学坛，2010，30（5）：70–71.
② 徐文武.《乐记》音乐教育思想的历史特征 [J]. 音乐研究，2003（2）：57–58.

等。《声无哀乐论》肯定音乐的教化功能，规定音乐要有平和精神，与儒家相同，都崇尚雅乐。嵇康的音乐思想核心就是道法自然、声无哀乐，其思想主要体现在《声无哀乐论》中。对音乐的审美的认识上，嵇康认为，音乐可以带给人美的享受。在音乐发挥的社会作用这个问题的探讨中，嵇康认为欣赏音乐能够获得性情的陶冶，音乐具有令人心情平静的作用，这种作用有利于自身修养的提高，个人的修养会直接影响整个社会，进而达到"移风易俗"的社会功能。[①]《声无哀乐论》中的音乐思想着眼于音乐的内部探究，对音乐的发展具有进步意义。

第二节　中国近代音乐教育思想与思政教育的结合

近代中国在历史的洪流中经历了深刻的社会变革，而音乐教育的思想也随之发生了巨大的转变。1840—1930 年，面对西方列强的入侵，中国开始了寻求自身强大的探索之路，音乐教育思想也在这个过程中产生了新的认识和变化。而在 1931—1949 年，中国社会在战争年代的洗礼下，更深刻地认识到了思政教育在社会进步和民族复兴中的关键作用。这两个时间段的历史发展，为我们理解中国近代教育思想与思政教育的结合提供了丰富的素材和深入的洞见。

一、1840—1930 年

1840 年以后，为了推翻封建统治，抵抗帝国主义的压迫，中国人民不屈不挠地进行斗争。这一时期，西洋音乐文化开始传入闭关锁国的中国，为中国的音乐教育增添了新内容，掀开了中国音乐教育的新篇章。学堂乐歌的建立是西方音乐文化传入中国的主要途径，在全国范围内产生了重要影响，其歌曲的题材和内容紧贴社会政治。在发展初期阶段，歌曲内容多为爱国主题，对社会的影响较大；随着发展，歌曲内容多联系青少年日常生活，具有鲜明的学生特点，主要体现音乐的审美性。当时有很多音乐教育与思政教育相融合的优秀音乐作品，如沈心工的《黄河》、李叔同的《哀祖国》充分宣扬了

---

① 梅梅.嵇康与《声无哀乐论》研究 [D]. 呼和浩特：内蒙古师范大学，2011：17-26.

抵御外敌的爱国思想；《出征》《从军歌》《出军》等歌曲，向中小学生宣扬军民教育思想；沈心工编写的《竹马》、李叔同作词的《送别》《忆儿时》等歌曲，向学生进行勤学、热爱自然、热爱生活的思想教育。由此看来，当时的教育家就充分肯定音乐的社会政治功能，并以音乐教育为手段达到政治目的。

1919年后，我国的音乐教育得到了空前发展，音乐教育开始成为"美育"的重要组成部分。大量的学者认识到音乐的重要性，感受到了音乐对传播思想、唤醒民众、增强民众凝聚力的重要作用。因此，产生了大量优秀的音乐作品，有群众歌曲、学校歌曲及以工人阶级为代表的歌曲。歌曲中含有强烈的时代精神，歌词表达着作者的思想感情与政治态度。例如，萧友梅创作的群众歌曲《卿云歌》《五四纪念爱国歌》《国民革命歌》等，这些歌曲紧密联系社会现实，表达鲜明的爱国思想和民主思想。著名音乐教育家刘天华深受"科学、民主"新思潮以及蔡元培提出的"美·育"观点的影响，投身于音乐事业。他贴合人民群众的生活，创作的作品《空山鸟语》等充分地抒发了热爱生活之情和对光明美好生活的向往，给人以积极进取、奋发向上的力量。赵元任的《卖布谣》《教我如何不想她》《自立立人歌》等，在创作过程中注意中西结合，能够很好地与当时的时代特征相呼应，表达了爱国之情。这些艺术歌曲都宣扬了五四运动的科学、民主、进步的新文化思想，增强人们的精神力量。所以，音乐不仅振奋了国民精神，更重要的是音乐充分发挥了它的社会功能。[①] 这些作品内容有明确的政治方向，对人民群众起到了教育作用，潜移默化地使爱国情感深入人心。

二、1931—1949 年

在抗日战争时期，全国各地的文艺工作者和民间艺人都拿起了文艺武器，团结抗日，创作了大量的抗日救亡歌曲。这个时期的抗战歌曲是有力的武器，具有强大的感染力，能够鼓舞人心，能够激励人民奋力拼搏，能够增强人民的民族精神。此时期歌曲的主要内容是为民族存亡而斗争，占有主导地位的是战斗性的群众歌曲。代表性的音乐家主要有贺绿汀、冼星海、黄自、聂耳等。受到"九一八"事变的影响，黄自自己作词作曲的《抗敌歌》，鼓舞了广大人民；《旗正飘飘》激发了群众的爱国情感。音乐家聂耳创作的歌

---

① 当代中国音乐编辑委员会.当代中国音乐 [M].北京：当代中国出版社，2009：5-13.

曲鲜明反映了反帝爱国的时代主题，其作品有《义勇军进行曲》《毕业歌》《前进歌》等，极大地鼓舞了人民必胜的信心。贺绿汀在1936年加入救亡歌咏组织，致力于救亡歌曲的创作。其作品《干一场》描写了群众进行斗争的决心；《保家乡》和《上战场》鼓舞群众支持前线，描写了群众支持前线的热情；《游击队歌》在当时广为流传，大力宣传了中国人民的勇敢和乐观的精神，起到了鼓舞人心的作用。

人民音乐家冼星海是抗日战争时期最多产的作曲家，在回国后，积极参与救亡歌曲的创作，其作品有《战歌》《救国军歌》《热血》等，在抗日战争全面爆发后，冼星海在全国各地进行抗日宣传活动，先后创作了《游击军》《江南三月》《在太行山上》《战时催眠曲》等。在他的众多作品中，最具代表性的作品是《黄河大合唱》，这部作品以抗日爱国为主题思想，以黄河为背景，讴歌了华夏民族的光荣历史，赞扬了中国人民的顽强不屈，描绘出人民群众联合保卫祖国的宏伟画面，塑造起中国人民的英雄形象。这首作品充分地展现出音乐的感染力，音乐情感与人的内心产生共鸣，从而使音乐中包含的爱国思想深入人心。

以上可以看出，在抗日战争时期音乐发挥着关键性作用。音乐作为一种文艺武器，使中华人民团结起来，鼓舞了军队的士气，增强了中华民族各族儿女一致抗敌的决心。音乐是抗日战争时期对民众思想影响的重要手段和工具。这也证明了音乐的巨大感召力，证明了音乐是进行思政教育的有效途径。

第三节　中国当代音乐教育思想与思政教育的结合

自新中国成立以来，中国的音乐教育思想经历了不断的革新和发展，思政教育也始终作为其重要组成部分得到深化和提升。每个时期，中国的音乐教育思想都有其独特的发展轨迹，而思政教育则是这一历史进程中的重要推动力。每个阶段的教育思想都深刻反映了当时社会的实际需求和历史走向，通过深入探究，可以为我们理解中国当代教育思想与思政教育的结合提供有力的历史见证和理论支撑。

一、新中国成立以后中国音乐教育思想与思政教育的结合

在新中国成立后，国家相继出台了有利于音乐教育发展的政策，音乐教育以"审美教育"为核心，与思政教育的糅合更为密切。无论是在社会主义建设初期，还是建设过程中经历的艰难时期，还是在 1978 年以后，音乐犹如奋进的号角，成为许多人前进的动力，并推动着思想政治教育的进行。① 随着中国的发展，音乐教育的政治功能逐渐显现。涌现了许多带有政治思想的音乐作品，例如：岳仑的《我是一个兵》、王莘词曲的《歌唱祖国》、瞿希贤的《全世界人民心一条》等。这一时期的歌曲多是欢呼雀跃的曲调旋律，与人民的生活联系密切，歌曲内容多反映了幸福的新生活。

由于周恩来同志针对文艺问题做了多次讲话，所以这一时期歌曲的创作迎来了新的迅猛发展。音乐的教育功能越来越明显，许多优秀的作品都涌现出来，例如歌曲《我们走在大路上》《工人阶级硬骨头》等，表现了人民团结一致与坚韧的奋斗精神；还有描写幸福新生活，散发热爱生活、赞美家乡之情的歌曲《谁不说俺家乡好》《新货郎》《挑担茶叶上北京》等；有传扬雷锋精神，培养人民乐于助人、无私奉献的高尚品质的歌曲《学习雷锋好榜样》《八月十五月儿明》等；有加强部队建设，描写军民团结一家亲情景的歌曲《打靶归来》《我爱祖国的蓝天》等。这些优秀的作品充分体现了音乐教育与思政教育相融合的特点，歌曲广泛流传，歌词通俗易懂，深受"广大人民群众的喜爱"，在很大程度上发挥了思想教育的影响作用。

二、1978 年以后中国音乐教育思想与思政教育的结合

在中国当代音乐发展时期，中国人民的生活也迈向历史新阶段，在时代潮流的冲击下，歌曲风格产生了变化，通俗歌曲在 20 世纪 70 年代迎来了发展热潮，深受年轻一代人喜欢，许多歌曲在青少年学生中广为传唱。这对利用音乐教育传播思政教育是非常有利的。广泛流传的通俗歌曲有《大海啊故乡》《军港之夜》《我的中国心》《龙的传人》《爱的奉献》《涛声依旧》《祝你平安》等。这些歌曲虽然是通俗歌曲，但是其中蕴含的政治思想浓厚，可以宣扬中华民族精神，增强人民的民族自豪感，振奋人心，让人民充满自信，

---

① 　刘靖之 . 中国学校音乐课程发展 [M]. 上海：上海音乐出版社，2011：3-18.

影响社会风气，让人与人之间交往充满友善。这些曲目甚至在 21 世纪的今天还广为流传，可见音乐对人思想影响的长期性和根本性。

在飞速发展的时代中，歌曲的创作题材和创作内容也紧跟时代的主题，弘扬时代的精神。尤其是在特殊时期，音乐作品更化身为强有力的工具，发挥其强大的感召力，对人们的思想产生影响。例如，在自然灾害面前，抗击洪水等，出现了许多呼吁大家为抗震救灾做贡献的歌曲，如《生死不离》《爱与希望》《汶川谣》《阳光总在风雨后》等。还有一些具有现实意义的歌曲《出征》《坚信爱会赢》《等风雨经过》等。这些歌曲让人们隔空产生情感共鸣，是低落情绪产生时的宣泄方式和调剂良药。在任何情况下，这些歌曲都有非常大的煽动力和感召力，激发起人们的爱心和热心，为人们带来希望，给予精神鼓舞。

三、2012 年以后中国音乐教育思想与思政教育的结合

新时代，在共同实现伟大中国梦的时代背景下，一些歌曲又唱出了时代的主旋律，如《领航》《灯火里的中国》等。这些歌曲描述了每一位中国人民的中国梦，唱响了中华民族伟大复兴的旋律。如今，音乐在思政教育中发挥的作用越来越明显。音乐作品能够催人奋进，增强人民的民族自豪感和文化自信，鼓舞人民不断奋勇向前。音乐能反映民族团结的精神和广大人民群众的精神面貌。促进音乐教育与思政教育协同发展是促进学生发展，促进社会进步的必由之路。

第四章 中学音乐与思政课程深度融合的侧重点

　　在教育的大剧场中，中学音乐与思政课程的深度融合如同一部和谐而动人的交响乐，它让每一个音符都充满了深意，让每一个旋律都洋溢着思想的光芒。在这部交响乐中，我们可以清晰地听到明确的融合原则，它如同坚实的基石，支撑着音乐与思政的融合。在这里，广大教师可以看到充分的解读要求，它如同聪明的指挥，引领着音乐与思政的交融，并且可以让广大教师理解到清晰的融合方法，它如同灵动的手法，使音乐与思政的融合充满活力。其中，侧重点所包括的内容如图 4-1 所示：

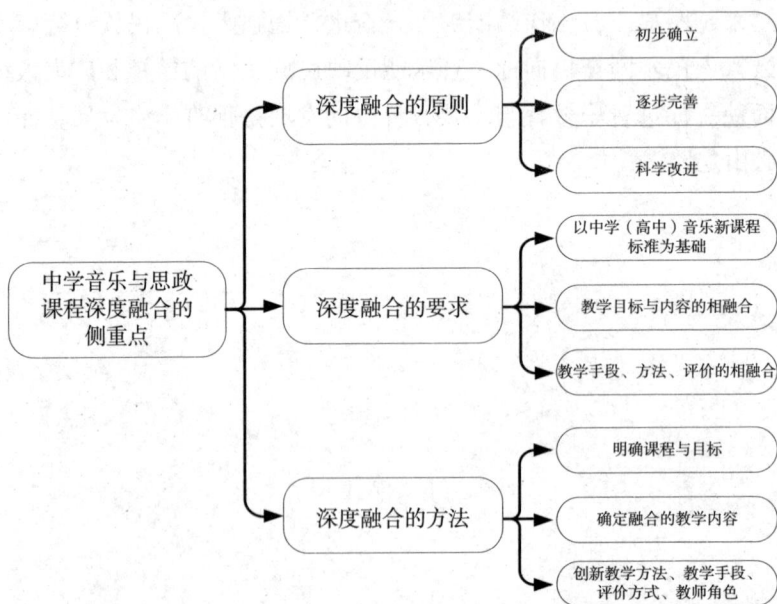

图 4-1　中学音乐与思政课程深度融合的侧重点

第一节　明确中学音乐与思政课程深度融合的原则

在教育实践中，课程融合作为一种教学策略，其核心在于构建跨学科的知识体系，以培养学生全面地思考和解决问题的能力。在这个大背景下，我们将目光投向中学音乐与思政课程的深度融合，旨在打破传统课程的边界，为学生提供一个富有挑战性的学习环境。这个过程并非一蹴而就，而是需要我们逐步明确并完善融合原则，通过"思想实验"将原则细化，及时发现内在的矛盾并通过沟通协调予以解决，同时在实际应用中发现并弥补实际短板，利用 PDCA（Plan-Do-Check-Act）思想进行原则的修正和调整。所有这些步骤都是为了最终明确并确立中学音乐与思政课程深度融合的主要原则，以指导我们的教学实践，最大限度地发挥音乐与思政课程的教育价值，同时满足学生的全面发展需求。

一、根据课程融合的基本规律初步构建原则

融合教学理念在当今教育领域中正在逐渐占据重要位置，其目的在于为学生提供更广阔的知识视角和更丰富的学习体验。尤其在中学音乐与思政课程中，我们更能看到这一理念的重要性。这两个看似差异明显的课程，在深度融合的过程中，能够为学生提供理论知识和实践技能的完美结合。为此，我们需要根据课程融合的基本规律，初步构建融合的原则，以指导教师有效地实施音乐与思政课程的融合教学。

（一）课程融合的一般规律

在教育改革和教育质量提升中，理解并运用课程融合的一般规律具有显著的实际价值。基于教育全面发展的要求，课程融合立足于以学生为主体，强调课程内容的整合，致力于为学生营造多元化的学习环境，从而实现知识、技能、情感以及价值观在学生身上的有机融合。

1. 以学生为中心

在教育过程中，必须关注每一个学生的发展，因为每个学生都是独特

的，拥有不同的学习风格、兴趣和需求。通过理解他们的需求和潜能，教育工作者可以创建更符合学生需求的课程，帮助他们充分挖掘个人潜能，实现个性化的学习路径和发展。为了实现这一目标，教师可以利用各种评估工具和策略来理解学生的学习需求和潜力，同时，也可以为学生提供个性化的学习支持，让每一个学生都能在课程融合的过程中受益。

2. 综合多元的教学资源

在这个信息时代，教学资源的多样性和丰富性为教育提供了更大的可能性。课本、网络、社区、家庭以及其他多种形式的教学资源，都可以被巧妙地融合进教学过程中，丰富教学内容，增加学习的实效性。教育工作者需要善于运用和整合各种教学资源，为学生打造一个全面、多元的学习环境。这样的学习环境有助于激发学生的学习兴趣，扩大他们的视野，提升学习效果。通过运用多媒体技术、网络课程、实地考察等多种形式的教学方法，教育工作者可以更好地满足学生的多元化学习需求，从而促进音乐与思政课程的深度融合。

3. 实施以实践为导向的教学

现代教育越来越重视实践在学习过程中的作用，认为实践是知识理解和应用的关键。在音乐与思政课程融合的过程中，应充分发挥实践教学的重要性。学生可以通过参与社会活动、学校演出等形式，将音乐与思政知识融合在实践中，使抽象的知识具体化，将理论知识转化为实践技能。实践教学能够激发学生的学习兴趣和积极性，提高学生的问题解决能力和创新意识，从而提升教育质量。

4. 构建开放和协作的学习环境

该环节是课程融合的有效策略之一。一个开放和协作的学习环境，能让学生在自主学习的过程中，发展团队合作精神，提高创新能力。在这样的环境中，学生可以与教师、同学互动交流，共同探讨问题、解决困难，形成积极向上的学习氛围。教师可以鼓励学生参与小组讨论、合作完成项目等活动，让学生在团队合作中体验音乐与思政课程的融合，培养他们的沟通能力、团队协作能力和领导能力。

（二）中学音乐与思政课程深度融合原则的初步构建

毋庸置疑，教育的本质是人的发展。对于中学音乐与思政课程的深度融合，我们需要从学生的发展需求出发，深入探索音乐的教育价值，将其与思政课程有机结合。实践导向的教学方式和开放协作的学习环境，正是在满足学生需求、提升教育质量的过程中，对教育理念和教育方法的新探索。在这样的理念下，我们可以初步构建出中学音乐与思政课程深度融合的原则，以引导我们的教学实践。

1. 关注学生的发展需求

深度关注学生的发展需求，在音乐与思政课程的融合过程中，学生的发展需求被赋予了首要地位。要充分了解和挖掘学生对音乐的兴趣和特长，同时，也要让他们在音乐的学习过程中，理解和接受思政课程的核心内容和精神价值。这要求教育工作者以开放的心态去接纳每一个学生，尊重他们的个性和独特性，满足他们多元化的学习需求。只有这样，学生才能在音乐与思政课程的融合中找到自我、发现自我，实现自我价值的提升和自我能力的发展。

2. 充分利用音乐的教育价值

充分利用音乐的教育价值，也是实现音乐与思政课程深度融合的重要原则之一。音乐本身具有独特的情感表达能力，它可以直达人的内心深处，激发人的情感共鸣。在音乐的熏陶下，学生可以更好地理解和接纳思政课程的情感价值，更深入地理解社会的复杂性和多样性。同时，音乐也是一种创新的艺术，它能激发学生的创新精神，锻炼学生的思维能力，帮助学生理解和接受思政课程的思维方式。

3. 注重中学音乐与思政课程的有机结合

这要求我们寻找音乐与思政课程的内在联系，让他们在课程内容、教学方法、评价方式等方面实现有机结合。例如，可以在音乐的教学过程中，引入思政课程的内容，使学生在欣赏、学习音乐的过程中，理解和接受思政课程的理念和价值。同时，也可以借助思政课程的教学，提升学生的音乐素养，使他们在学习思政课程的同时，也能体验到音乐的魅力。

4. 倡导以实践为导向的中学音乐课堂教学方式

这是推动音乐与思政课程融合的核心机制，这种方法的关键在于，它倡导将音乐与思政课程的理论知识转化为可操作的实践活动，让学生在亲身体验中，更深入地理解和领会两者之间的相互关系。它强调的是，在音乐的创作和演奏过程中，应该鼓励学生思考如何在音乐创作和表演中体现出思政课程的价值观念。通过这种方式，学生可以在更深层次上理解并接纳思政课程的精神内涵。同时，实践导向的教学方式也有利于提高学生的实践技能，增强他们解决问题的能力，从而提升他们在面对社会问题时的独立思考能力。

5. 建立开放而又协作的中学音乐课堂学习环境

在这样的环境中，学生既可以享受到音乐学习带来的愉悦，又可以在团队合作中提高他们的社会实践能力和团队协作能力，更好地理解和接纳思政课程的社会价值。例如，在课堂上，教师可以组织小组合作，让学生共同完成音乐创作或演奏，每个学生都可以在这个过程中实践和理解社会责任。同时，开放的学习环境还能够充分尊重和激发学生的创新精神，有利于培养他们积极面对社会变迁的能力，增强他们的社会适应能力。

二、通过"思想实验"对原则进行细化和完善

在"思想实验"的引导下，我们进一步深入考虑中学音乐与思政课程融合原则的细化和完善。

（一）关注学生的发展需求

关注学生的发展需求，这是教育的核心，也是课程融合的出发点。如果我们设想一些热爱音乐的学生，他们在体验音乐的美妙之处的同时，可能更愿意通过音乐这个媒介去感知和理解思政课程的内容。具体地说，比如通过编排一部富有思想性的音乐剧，引导学生从音乐剧中提炼出与思政课程相关的主题，如团结、奉献、爱国等，从而将思政教育自然融入音乐学习中。

（二）充分利用音乐的教育价值

设想在音乐的学习过程中，如果学生能深入理解音乐与社会、音乐与文

化的内在联系，那么他们对思政课程的内容理解会更为深入。例如，通过让学生了解一首歌曲的背景，引导他们理解在特定的社会背景下，人们是如何通过音乐来表达自己的思想和情感的。这种方式可以让学生深入理解音乐与社会生活的紧密联系，从而引发他们对社会现象、社会问题的深入思考。

（三）注重中学音乐与思政课程的有机结合

音乐与思政课程在许多方面都有共通之处，比如都需要情感的投入，都有一定的价值导向，都需要学生进行主观的理解和体验。因此，教师可以在音乐课程中融入一些思政课程的元素，例如，在音乐欣赏或创作中引入思政主题，或者在讲解音乐理论时顺带讲解相关的思想道德知识，从而使音乐与思政课程达到有机结合。

（四）建立开放而又协作的中学音乐课堂学习环境

在中学音乐课堂教学改革过程中，有一点不可否认，即建立开放而又协作的中学音乐课堂学习环境，是音乐教育的基本理念，也是实现课程融合的重要条件。设想在一个开放而又协作的音乐课堂上，学生可以自由地表达自己的观点，共享他们的音乐作品，他们在合作中能更好地理解和接受思政课程的社会价值。例如，可以设立小组音乐创作、音乐演出等活动，让学生在团队合作中，学习和实践思政课程的知识，提高他们的团队协作能力和社会实践能力。

三、发现内在矛盾并进行沟通协调

这一过程需要深入理解音乐与思政课程的特性，找出二者之间可能存在的冲突与矛盾，然后通过有效的教学策略和方法，协调这些矛盾，实现课程融合。

（一）矛盾识别

课程融合需要兼顾音乐课的情感表达和个性塑造以及思政课的价值引导和思想教育，二者的矛盾往往表现在自由探索与规范接受、情感表达与理性理解等方面。教师需要灵敏地观察和发现这些矛盾，深入理解它们为何存

在，以及它们如何影响学生的学习体验。矛盾的存在必然不是坏事，反而可以成为推动课程融合深度和质量的动力。

（二）教学策略的运用

解决这些矛盾，教学策略的运用是非常有效的工具。例如，模拟情境或角色扮演的活动可以让学生在自由探索音乐创作和表演的过程中，自然地接触和理解思政课程的主题和价值观。这种方式在满足学生探索音乐的兴趣的同时，也让他们在寓教于乐的过程中接受思政教育。这种以实践为导向的教学策略，让学生在实践中提升技能，同时深化对思政课程的理解，达到了真正的课程融合。

（三）反思与自我评估

教师需要时刻检视自己的教学策略是否在有效地促进课程的融合，是否能够有效地解决出现的矛盾和困难。这种反思不仅需要教师有高度的自我意识，也需要教师有勇于尝试，勇于改变的精神。通过反思和自我评估，教师能够持续提升自己的教学水平，不断优化教学方法，以实现更好的课程融合。

（四）获取学生反馈

反思与自我评估的过程并非一蹴而就，它需要教师将内省作为一种习惯性的行为。当课程实施结束后，教师可以设置一个专门的时间来静下心来思考：自身的教学行为是否足够引导学生主动探索？在课程融合的过程中，哪些环节做得不够好？对于这些问题，教师可以把反思和自我评估变成一种定期的行为，比如每周或每月一次，以保持对自身教学行为的清醒认识。这样的行为将有助于教师逐渐养成自己的教学风格和习惯，寻找最适合自己的教学策略。同时，教师也可以借此机会培养自己面对困难和矛盾时的解决策略，这不仅会提升自身的教学能力，也会促进教师的个人成长。

（五）学校领导和教师团队的配合

获取学生反馈的方式有很多，不仅可以通过传统的问卷调查和面谈的方式，还可以通过一些创新的方式，如在线反馈系统、社交媒体等。这些方式可以让学生在匿名的情况下，更加真实、自由地表达他们的想法。与此同时，教师也需要具备分析和解读这些反馈信息的能力，需要透过表象看到背后的真实情况。例如，学生是否真的理解了课程内容，他们对课程融合的感受是怎样的，学生的学习动机和兴趣是否被激发？在理解和分析这些反馈信息后，教师就可以进行有针对性地教学调整，以更好地满足学生的学习需求，提高他们的学习效果和满意度。

四、实际中加以应用并发现短板

这个过程应涉及多个方面，包括原则的落地实施、教师和学生反馈的采集、教学方法的优化，以及教育者的自我提升等。

（一）将音乐与思政课程融合的原则真正落地实施

无论是教学理念的引导，还是行为规范的准则，原则都在教师教学活动中起着灯塔的作用。然而，它的实施往往需要根据实际情况进行微调。其中可能涉及课程设置、教学策略、教学资源的重新整合等各个环节。在这个过程中，教师需要具备强烈的创新精神，勇于尝试新的方法，即使可能会遭遇失败。同时，也要善于观察和总结，根据学生需求，适时调整教学策略。

（二）教师要积极采集和分析学生反馈

作为音乐与思政课程融合教学的重要受益者，学生反馈能提供富有价值的信息。通过学生的看法和建议，教师可以及时发现并改进教学中可能存在的问题。这些反馈可以通过定期的学生调查、面对面的谈话，甚至课堂上的直接互动获得。在这个过程中，教师需要有意识地寻找可能的短板，比如学生对某些知识点的理解不足，或者对某些教学方法的接受度不高。

（三）发现短板并及时加以优化

无论是教学内容、教学策略，还是教学评价体系，都是构成教学体系的重要组成部分。这些元素的协调性直接影响着课程的质量和教学效果。因此，对这些环节中可能出现的短板进行发现并优化，显得尤为关键。这就需要教师在不断学习和反思的过程中，寻找新的教学方法，深入发掘新的教学资源。

短板的发现并不是一蹴而就的过程，而是需要教师具有敏锐的观察力和深度的反思能力。从学生的反馈中提炼信息，从教学实践中总结经验，这都可以帮助教师发现存在的问题。一旦发现短板，就需要及时调整和优化，无论是调整教学内容，改变教学策略，还是优化教学评价体系，都应迅速应对，以求改善教学效果。

（四）教师的自我提升

作为教育者，教师的角色不仅限于音乐和思政理论知识的传授者，还需要成为引领学生学习、满足学生需求、提升学生综合素养的引导者。这就要求教师不断提升自身的专业能力和教育理念，将自身塑造成一个全面发展的教育者。

为了达到这个目标，教师需要不断地自我学习和提升。参加教育培训，深入学术研讨，不断更新和提升自身的知识体系和教学技能，这都是教师自我提升的重要途径。而这种自我提升不仅仅限于专业知识和技能，还包括对现代教育理念的理解和掌握，对学生学习需求的理解和满足，对如何引导学生提升综合素养的理解和实践。

只有这样，教师才能真正通过自我反思和学习，更好地服务于学生，为学生提供高质量的音乐与思政课程。这样的教育者，既是专业知识的传播者，也是学生学习成长的引导者，更是社会进步的推动者。

五、利用 PDCA 思想进行原则的修正调整

PDCA（Plan-Do-Check-Act）思想起源于质量管理领域，是一种系统性地解决问题和持续改进的方法。运用到音乐与思政课程的深度融合过程中，可以帮助教师有效进行该领域的原则修正和调整。

（一）"Plan"阶段

"Plan"阶段也就是规划阶段，这是制定音乐与思政课程融合原则的出发点。在规划阶段，对课程目标、内容、教学方法的深入研究和设计显得尤为重要。在中学音乐课程中，教师需关注学生的发展需求，理解音乐的教育价值，同时寻求音乐与思政课程的有机结合点。为了实现这一目标，

需要深入理解学生的音乐兴趣、情感需求以及思政认知水平，充分利用音乐的独特性和教育价值，设计出既符合思政教育目标，又能引起学生兴趣的教学方案。

（二）"Do"阶段

进入"Do"阶段，教师将规划阶段所制定的原则落实到实际教学中。这个阶段需要教师大胆尝试新的教学方法，以音乐为媒介，把思政课程的内容融入音乐创作和表演中。这需要教师在实际操作中，与学生共同探索，发现新的教学策略，持续提高教学的有效性。

（三）"Check"阶段

"Check"阶段是关于对教学过程进行评估和反馈的阶段。教师需要搜集学生的反馈，分析教学成效，发现并解决实际短板。反馈可以是通过直接的学生问卷调查，也可以是通过学生的学习表现和态度，甚至是学生的非言语行为。这个阶段，教师需要对教学过程中的问题进行深度反思，不断找出融合教学中存在的问题，以便进行下一步的改进。

（四）"Act"阶段

"Act"阶段是基于之前阶段的反馈和评估，对原则进行修正和调整。教师根据收集到的反馈，对教学内容、方法和评价方式进行必要的修正和优化。通过这个过程，教师能够及时调整教学策略，适应学生的需求，改进教学效果。

六、确立中学音乐与思政课程深度融合的主要原则

确立中学音乐与思政课程深度融合的主要原则，首先要注意到教学内容的内在联系。理解音乐与思政课程在学生发展、情感表达、创新精神等方面的关联性，以此为基础构建出融合的课程框架。并且每个学生对音乐和思政的理解和接纳程度都会有所不同，教师需要通过适当的教学策略和方法来满足学生的个性化需求，这些都要在中学音乐与思政课程深度融合的主要原则中体现出来。

（一）实践导向原则

实践导向原则强调音乐与思政的学习不仅要掌握理论，更要感受其在实践中的应用。音乐本质上就是一种实践，是情感、思想、价值观的表达方式。思政课程，作为对社会、政治现象的理论学习，其目的也是为了引导学生在实际生活中形成正确的思想和行为。教师可以鼓励学生参与音乐创作和演奏，用音乐表达他们对思政课程的理解和感受，以此实现音乐与思政课程的有机融合。例如，学生可以创作关于社会公正、民主自由的歌曲，从而加深对这些思政理论的理解和接纳。

（二）开放而又协作的学习环境

该原则看重创新精神和团队协作意识的培养。音乐创作和演奏需要创新精神，也需要团队的协作，这些都是思政教育希望学生具备的素质。通过小组合作完成音乐创作或演出任务，可以让学生在团队合作中，理解并实践思政课程的理念和价值。例如，小组成员可以共同创作一首歌曲，通过歌曲传达对环保等社会问题的思考和主张。

（三）教师自我反思和学生反馈原则

教师需要定期反思自己的教学方法是否有效，是否满足学生的需求，是否能有效地解决出现的问题。同时，积极收集学生的反馈，及时调整教学策略，优化教学方法，提升教学效果。例如，教师可以通过问卷调查、课堂讨论等方式了解学生对融合课程的看法和建议，然后根据反馈信息调整教学内容和方式。

（四）持续改进原则

持续改进原则强调教师需要有持续学习、持续改进的精神，以适应教育的发展和学生的变化。音乐与思政课程的融合是一个持续的过程，需要教师不断学习新的教学理论和方法，不断尝试新的融合策略，以提高融合课程的质量和效果。例如，教师可以参加教育培训，阅读专业书籍，学习新的教学理论和方法。

（五）理解和应用跨学科的知识

这一原则看重广阔的学科视野。音乐与思政课程的融合不仅需要理解和应用音乐和思政两个学科的知识，还需要理解和应用其他相关学科的知识。这样可以使音乐与思政课程的融合更具深度和广度。例如，历史学科的知识可以帮助学生理解音乐的历史背景，理解音乐在历史事件中的作用，从而深化对思政课程的理解。

（六）培养批判性思维

批判性思维是对信息、观点、论据的独立判断和评价，是学生发展为独立思考者的重要技能。在深度融合的教学过程中，教师应鼓励学生发展批判性思维能力，以帮助他们深入思考音乐和思政的关系，进一步理解两者之间的内在联系。例如，教师可以引导学生批判性地分析歌曲的歌词，理解其背后的社会、政治观点，从而深化对思政课程的理解。

第二节　充分解读中学音乐与思政课程深度融合的要求

解读中学音乐新课程标准，不得不重点关注一个趋势，那就是音乐教育与思政教育的深度融合。这种融合的目标不仅仅在于丰富音乐教学内容，更在于通过音乐的魅力，深化学生对社会主义核心价值观的理解和认同。接下来，将详细解析这一深度融合在实际教学中的具体要求，包括教育目标、教学内容、教学方法、教学手段和教学评价等多个方面，为开启音乐与思政课程深度融合的探索之旅打下坚实基础。

一、中学音乐新课程标准的解读

在世界多元化的背景下，高中阶段的中学音乐新课程标准以其全新的视角和全面的取向引起广泛关注。该标准深度融合了多元化的音乐风格，强调实践性和创新性，对教师专业能力提出了更高要求，并倡导使用现代教学技术，以期创造出更加生动活泼的教学环境。更为核心的是，新课程标准弘扬了社会主义核心价值观，期望通过音乐教育的方式，引导学生树立正确的价值观和世界观。

（一）多元化的音乐风格

新课程标准下的中学音乐课程正在向更加广阔的方向发展。新的中学音乐课程不再将学生限定在特定的音乐风格或文化背景中，而是勇敢地开放给流行音乐和非主流文化等新兴和创新的领域。这种开放性旨在提升学生的音乐素养，使他们能够更全面地欣赏和理解不同种类的音乐。更为重要的是，这种多元化的音乐教育环境有助于培养学生的独立思考能力和创新精神，使他们在音乐的海洋中找到自己的价值和定位。

（二）强调实践性和创新性

新的中学音乐课程标准将实践性和创新性放在了核心的位置。这种新的教学理念旨在提升学生的实践技能和创造性能力，倡导以动手实践为基础的学习方式，赋予学生在现实世界中应用音乐知识和技巧的能力。通过提供丰富的实践机会，比如参与音乐创作、演奏、制作和表演等各种形式的活动，学生可以更深入地学习和理解音乐。从理论到实践，从欣赏到创作，从听觉到感知，学生可以全面、深入地接触和理解音乐的奥秘。这种深度的学习和实践不仅能够提高学生的音乐素养，还能够锻炼他们的思维方式，激发他们的创新精神，培养他们分析问题、解决问题的能力。

（三）专业化的教师要求

新的中学音乐课程标准对提高音乐教师的专业素养和教学技巧提出了新要求。教师需要具备丰富的音乐知识和实践经验，以及独特的教学技巧，才能更好地引导和启发学生，帮助他们在音乐学习的道路上取得更大的进步。这种高质量的教育将促进学生的道德素养和社会责任感的培养，因为他们将在音乐学习的过程中学习到如何尊重他人，如何与人合作，以及如何以更高的标准要求自己。

（四）使用现代教学技术

在新的中学音乐课程标准中，现代教学技术的运用得到了大力推动。通过引入如虚拟音乐实验室、音乐数字学习平台等先进的教学工具，使得音乐教学过程更加生动、有趣和高效。这些教学工具旨在提供多元化的学习资源和实践环境，使学生在接触到更丰富、更高质量的音乐资源的同时，也可以在实践中更深入地理解和体验音乐，提高他们的音乐素养。利用现代技术，学生可以随时随地进行音乐学习，甚至可以在虚拟环境中进行音乐创作和演奏，这不仅极大地扩大了音乐教育的边界，也提高了音乐教育的质量和效果。

（五）弘扬社会主义核心价值观

新的中学音乐课程标准强调在音乐教学中融入思政教育，使音乐教育成为塑造学生世界观、人生观和价值观的重要手段。新的课程标准不仅要求学生通过音乐教育理解和传承社会主义核心价值观，更希望他们在音乐学习的过程中能够培养良好的道德素养和强烈的社会责任感。在音乐的欣赏和创作中，学生将了解到尊重他人、合作共赢的重要性。在音乐的表演和分享中，他们将体验到贡献社会、服务他人的快乐，让音乐教育成为学生学习如何尊重他人、如何为社会做出贡献，以及如何成为一个有道德和有责任感的公民的重要途径。

二、中学音乐与思政课程深度融合的要求

在中学阶段，音乐与思政课程深度融合是教育改革的一个重要方向，在中学音乐新课程标准中已经得到充分体现。而这种融合在教育目标、教学内容、教学方法、教学手段和教学评价中的体现较为明显。

（一）教育目标的融合

教育目标的融合是深度融合的基础。对于中学音乐教育，除了追求学生的音乐素养提升，更重要的是通过音乐教育培养学生的道德素养和社会责任感。音乐教育不仅是音乐技巧和知识的传授，更是一种精神力量的培育和人格成长的促进。在音乐的学习过程中，学生应学会尊重他人，理解和接受不同的文化和价值观，学会如何为社会做出贡献，而这些正是社会主义核心价值观所倡导的内容。

（二）教学内容的融合

在中学音乐教育中，可以把社会主义核心价值观等思政内容融入音乐教学的各个环节中。例如，在音乐作品的选取和欣赏过程中，可以选择那些深刻反映社会主义核心价值观的作品，引导学生在欣赏音乐的同时，理解和接纳这些价值观。在音乐创作和演奏环节，教师也可以设计一些任务，引导学生表达对社会主义核心价值观的理解和认同。此外，音乐教育中的历史和文化背景学习也是思政教育的重要载体。

（三）教学方法的融合

教学方法的融合是深度融合的关键。在中学音乐教育中，可以借鉴思政教育中的有效方法，比如情境教学、讨论式教学、项目式教学等，让学生在实践和互动中学习和理解思政内容。例如，在音乐创作和演奏的过程中，教师可以设计一些与社会主义核心价值观相关的情境，引导学生在实际操作中理解和体验这些价值观。通过这种方式，学生在音乐创作的过程中，不仅能够提升音乐技能，而且还能够加深对社会主义核心价值观的理解和认同。

（四）教学手段的融合

中学音乐教育与思政课程的深度融合，要求在教学手段上进行创新，实现教学手段的融合。教学手段的融合是通过采用不同的教学工具和平台，将音乐教育和思政教育有机结合，为学生提供丰富多元的学习体验。可行的方案有很多，如下所述。

1. 互动式学习平台的有效利用

教师要利用现代信息技术创建互动式的音乐学习平台，为学生提供听、唱、玩、创的综合体验。这种平台可以嵌入思政教育元素，比如设置相关主题的讨论区，让学生在交流音乐学习心得的同时，进行思政方面的深度交流，引导学生思考音乐与社会、音乐与人生的关系，培养他们的社会主义核心价值观。

2.数字音乐创作工具的运用

这种工具让学生能够在创作中亲身体验音乐的魅力，同时更好地理解和接纳社会主义核心价值观。在这个过程中，教师引导学生从音乐的角度去思考和表达社会主义核心价值观，使得音乐作品成为价值观的载体。这种方法有力地提升了学生的音乐创作技巧，也使他们在创作过程中，更深入地理解社会主义核心价值观。音乐创作不仅是一种艺术实践，也成为深化思想政治教育的有效路径，让学生在潜移默化中接受价值观的熏陶。

3.虚拟音乐实验室的运用

在虚拟音乐实验室中，学生可以模拟各种音乐设备和乐器，有机会进行音乐的创作和表演。更重要的是，在这个过程中，他们将体验到与同伴的合作，学习团队协作的精神，了解到公平竞争的原则。在这些活动中，教师可以巧妙地融入社会主义核心价值观，让学生在音乐实践的过程中，自然而然地接受思想政治教育的熏陶。这样的融合，使音乐教育不仅仅是技能的学习，更是价值观的教育。

4.多媒体教学资源的开发与利用

教师应运用多媒体技术，制作富有创意和感染力的音乐教学资源，如动画、视频、电子书等，让音乐教学内容和思政教学内容以生动的方式展现出来。这些资源不仅可以刺激学生的学习兴趣，提高他们的学习效果，更能让他们在享受音乐的美妙之时，理解和接受社会主义核心价值观。利用这种方式，教师可以把音乐教育和思想政治教育有机结合，让学生在音乐的世界中，感受到社会主义核心价值观的力量。

（五）教学评价的融合

教学评价的融合则是深度融合的保证。在中学音乐教育的教学评价中，除了评价学生的音乐技能和知识，还需要关注他们在思政素养方面的表现。可以通过设计一些评价指标，如道德行为、公民素养、社会责任感等，以全面评价学生的学习效果。这种评价方式不仅能够激励学生积极参与音乐学习，还能够让他们看到自己在思政素养方面的进步，从而提高他们的学习动力和自信心。

第三节 厘清中学音乐与思政课程深度融合的方法

在教育的殿堂里，中学音乐与思政课程深度融合如同丰富多彩的彩虹跨越艺术与思想的天空，寓教于乐，融思于音，为学生提供了一片开阔的学习和成长的土地。这种深度融合的实践如同细雨滋润热土，无声无息地对学生产生深远的影响。在这种独特的教育模式下，明确教育目标的重要性不言而喻，如同航船的指南针，为融合教学内容提供了方向；创新教学方法和手段，如同破浪前行的风帆，推动教学活动的顺利进行；全面的评价方式，如同照亮黑夜的明灯，准确地揭示出学生的学习情况；而教师角色的转变，则如同教育之舟的船长，他们引领学生在音乐的海洋中游弋，同时也引导他们理解并接纳社会主义核心价值观。

一、明确教育目标

中学音乐课程除了培养学生的音乐素养，还应在提高学生的道德素养和社会责任感方面发挥作用。通过音乐教育，学生应学会尊重他人、贡献社会，并成为有道德和有责任感的公民。这些目标不仅表现在课程设置中，更应体现在教学活动和评价方式中。

（一）道德和社会责任的主题融入中学音乐教学活动

在教学实践活动中，广大中学音乐教师应将道德和社会责任的主题融入中学音乐教学活动。例如，音乐教师可以选择一些反映尊重、和谐、奉献等价值观的音乐作品进行教学，引导学生深入探讨这些主题。这种方式不仅能够激发学生的音乐兴趣，而且能够使他们在音乐欣赏过程中理解和接受这些价值观。同样，音乐创作课也可以成为培养学生社会责任感的好机会。音乐教师可以鼓励学生创作反映社会问题的音乐作品，让他们在创作过程中感受到自己的社会责任。

（二）教学活动和评价方式中要体现具有思政色彩的中学音乐课程教学目标

教学活动的设计应该旨在实现这些目标，而评价方式则应该用来衡量这些目标的实现程度。例如，音乐教师可以组织公益音乐会，让学生在准备和参与过程中实践团队合作、公平竞争等观念。在评价学生的表现时，音乐教师不仅要考虑他们的音乐技能和知识，更要看他们在活动中是否尊重他人、是否能为团队做出贡献、是否能够承担责任。

（三）前瞻性的视野应始终作为中学音乐教育目标的重要组成部分

这意味着音乐教师不仅需要关注学生的当前表现，更需要关注他们的未来发展。音乐教师需要有一种超越当前教学内容，关注学生个人发展的视角。例如，教师可以教授学生如何用音乐来表达他们的思想和情感，培养他们的创新思维和独立思考能力。这种前瞻性的视野有助于学生更好地理解和接受音乐教育的目标，进一步提高他们的道德素养和社会责任感。

二、融合教学内容

在中学音乐课程中，教师可以通过精心的教学设计，将思政内容如社会主义核心价值观等融入音乐教学的各个环节，创造出丰富多元的音乐教学活动。

（一）音乐作品选取环节应充分考虑音乐作品所体现的思想内容

在音乐作品选取环节，中学音乐教师不仅需要把握音乐的艺术价值，更需要关注音乐作品中蕴含的思想内容。例如，可挑选那些能体现社会主义核心价值观的歌曲，如《歌唱祖国》《我和我的祖国》等，这些歌曲具有很强的感染力和引导力，能引导学生形成积极向上的道德情感。因此，音乐作品的选择应把握两个方向：一是音乐艺术性；二是其蕴含的思想价值，二者缺一不可。

（二）音乐欣赏环节应引导学生深入理解音乐作品所体现的思想内涵

音乐欣赏环节是学生对音乐作品进行主观感知的过程。教师应引导学生在欣赏美妙音乐的同时，理解作品中的情感表达，捕捉其中的社会主义核心价值观。例如，通过欣赏《红旗颂》的音乐，教师可引导学生理解社会主义的伟大理想，并引发学生对于社会主义的热爱与向往。同时，音乐欣赏也是理论知识与实践结合的过程。因此，教师还应着重培养学生运用音乐知识来分析作品的能力，使其在欣赏的过程中能够主动地思考和探索。

（三）音乐创作环节应引导学生表达对社会主义核心价值观的理解和认同

在音乐创作环节，学生有机会将自己对社会主义核心价值观的理解和认同，通过音乐作品的形式表达出来。教师可以鼓励并指导学生进行以"爱国""友爱""诚实守信"等主题为主的音乐创作活动。在这个过程中，学生不仅可以提升音乐创作技能，更重要的是他们有机会在创作过程中深化对社会主义核心价值观的理解。他们的思政情感将自然地渗透进音乐作品中，使得这些音乐作品既具有艺术美感，又充满了思政教育的价值。

（四）音乐演奏环节应作为社会主义核心价值观教育的重要载体

教师应通过组织音乐社团或合唱团等教学新形式，让学生在实际的音乐演奏中体验和实践社会主义核心价值观。例如，在演奏合作中，学生们将亲身体验到合作、团结和奉献的重要性。通过公开演出等活动，学生有机会将他们的音乐成果展现给大家。这不仅可以提高学生的音乐技艺，同时，他们也将在展示自己的过程中体验到自我价值的实现，培养他们的公民意识和社会责任感。这种"学中做，做中学"的教学方式，对于音乐教育和思政教育的融合具有重要的作用。

三、创新教学方法

借鉴思政教育的有效方法，如情境教学、讨论式教学等，中学音乐教育可以让学生在实践和互动中学习和理解思政内容。具体方法可包括：

（一）情境教学

该教学方法是指在具体的教学过程中设置与学习内容相关的情境，使学

生在实际的情境中理解和掌握知识。在中学音乐教育中，教师可以设计一些
与社会主义核心价值观相关的情境。例如，在教授一首关于爱国的歌曲时，
教师可以设定一个背景情境，让学生在情境中体验和理解爱国这一价值观。
或者，在指导学生进行音乐创作时，教师可以设置一些情境，让学生从实际
出发，根据设定的情境创作出反映社会主义核心价值观的音乐作品。

（二）讨论式教学

该教学方法是一种以学生为中心，教师引导、学生主动参与的教学方
法。在中学音乐课程中，教师可以在讲解音乐理论或欣赏音乐作品时，设计
一些关于社会主义核心价值观的讨论问题，引导学生围绕这些问题展开讨
论。这种教学方法不仅可以激发学生的学习兴趣，提高他们的思维活跃度，
还可以让他们在讨论过程中深入理解和认同社会主义核心价值观。

（三）项目式教学

项目式教学是一种站在学生角度，并且以实践为导向的教学方法。在
中学音乐课程中，教师可以设计一些与社会主义核心价值观相关的音乐项
目，例如，设计一项赞美新时代的音乐剧创作任务，学生可以从剧本编写到
音乐创作，再到舞台表演，全方位参与其中，旨在让学生在实践中体验"努
力""奋斗"等优良品质。在这个过程中，学生需要进行分工合作，共同完成
项目任务，这既可以提升学生的团队合作能力，也有助于学生在实践中理解
和体验社会主义核心价值观。

（四）翻转课堂

翻转课堂是一种新型的教学模式，它将课堂教学和课后自学结合起来，
让学生在课前预习知识点，然后在课堂上进行讨论和实践。在中学音乐课程
中，教师可以事先将包含社会主义核心价值观的音乐资料、视频等发布给学
生，让学生在课前自主学习和思考。然后在课堂上，教师可以引导学生就这
些音乐作品的思政内涵进行深入讨论和分析。例如，教师可以在课前就将相
关资料、视频等发布给学生，让学生课前进行自我学习。然后在课堂上，组
织学生分析这些音乐是如何表达"爱国""友善"等社会主义核心价值观的内

涵，从而在深度理解和实践中感悟社会主义核心价值观的内涵。这种教学模式既能充分调动学生的学习积极性，也有利于提高课堂教学的效果，帮助学生深入理解和接受社会主义核心价值观。

四、融合教学手段

在中学音乐教育活动中，教师应充分借助现代信息技术的优势，为自身和学生构建新型的开放式音乐学习空间。这样不仅可以让学生在听音乐、唱歌、音乐游戏和创作的过程中体会到自由学习的快感，同时还能吸收思政教育元素。

（一）互动式的音乐学习平台

互动式的音乐学习平台以多媒体为主导，图像、声音、文字等元素交织，形成丰富而生动的教学内容。音乐知识与社会主义核心价值观在这样的环境中相互渗透，相辅相成。例如，教师可以设计出一种音乐游戏，该游戏需要学生通过集体合作来完成一首歌曲的编曲。这个过程不仅锻炼了学生的音乐创作能力，更让他们在实际的合作过程中体验和实践"团结协作"这一集体精神。

（二）数字音乐创作

借助数字音乐创作工具，教师可以更精确和有效地引导学生去创作出反映社会主义核心价值观的音乐作品。这些工具一般拥有丰富的音色库，使用起来又简单易上手，极大地激发了学生创作的热情和信心。学生在这样的环境中可以自由地发挥自己的想象力和创造力，创作出反映"爱国""友爱"等主题的音乐作品。此过程不只是对学生音乐创作技巧的提升，更是让他们在创作中深度认识和体验社会主义核心价值观。

（三）虚拟音乐实验室

虚拟音乐实验室提供了一个模拟的音乐实践环境，这让中学音乐教育有了更多的可能性。教师可以运用该平台，设计出一个音乐比赛项目，让学生在分组合作的过程中进行音乐创作和演奏。这样，学生不仅在音乐的实践中提高自己的技能，更能在合作和竞赛的过程中深度体验"公平竞争"和"民主法治"等社会主义核心价值观的内容。这是一种全新的音乐教学模式，让学生在音乐的世界中，感受思政教育的魅力。

五、全面的评价方式

全面的评价方式在教育过程中占有重要地位，决定了教学效果的准确把握与教育目标的达成。中学音乐教育不仅仅是评价学生的音乐技能，教师还需要考虑学生的思政素养，并将其纳入评价体系。

（一）技能评价与思政素养评价的并行

全面评价在中学音乐教育中至关重要，它的核心是技能评价与思政素养评价的并行。音乐技能和思政素养相辅相成，成为衡量学生素质的两大重要指标。在具体的教育过程中，教师不仅对学生的演奏、唱歌、创作等音乐技能进行评价，还要密切观察他们的思政行为。在音乐的练习和表演中，学生如何表现出对社会主义核心价值观的理解和接纳程度，是一个重要的评估指标。这种并行评价方式能全面提升学生的素质，包括音乐技能的提升和对社会理解的深化，都为他们的全面发展打下坚实基础。

（二）音乐创作的评价

在中学音乐教育中，音乐创作是体现学生理解和接纳社会主义核心价值观的重要方式。教师通过解读学生的音乐创作，能寻找到他们对社会主义核心价值观的理解和表现。学生的音乐创作能力不仅仅体现在技术层面，更能从他们对"和谐社会"或"公平正义"等价值观的表达中，看到他们的思想深度和理解层次。教师在此过程中，通过发现和提升这些表达，能全面评价学生的音乐创作技巧和思政素养。

（三）音乐交流的评价

音乐交流在中学音乐教育评价体系中占有重要地位。学生如何运用音乐语言表达社会主义核心价值观，如何理解音乐中所包含的价值观，都能通过音乐交流活动得到展现。教师在此过程中，应通过观察和理解学生的音乐交流行为，可以评价他们的音乐理解能力、交流技巧，以及对社会主义核心价值观的理解程度。这样的评价方式，显然有助于教师全面掌握学生的音乐素养和思政素质。

（四）鼓励自我评价和互评

中学音乐教育中的自我评价和互评同样重要。教师鼓励学生进行自我评价，学生可以通过此过程反思自己的音乐技能和对社会主义核心价值观的理解。自我反思可以提升学生的自我认知能力，帮助他们对自身有更深刻的理解。而同伴之间的互评，能促进学生在批判和反思中提升思考能力，深化对社会主义核心价值观的理解。这种评价方式，有助于构建一个良好的教育环境，促使学生自我进步，提高他们的音乐技能和思政素养。

六、教师角色的转变

在中学音乐与思政课程深度融合的过程中，教师的角色也会发生改变。他们不再是单一的音乐教师，而是需要具备一定的思政教育能力，可以引导和激发学生在音乐学习中实现思政教育的目标。

（一）教师角色的拓宽与深化

在中学音乐与思政课程深度融合的环境中，教师角色的拓宽与深化显得尤为重要。他们不再仅仅是技术型人员，教导学生如何准确地演奏乐器或歌唱，而是在技术训练的基础上，更多地参与到对学生的思想和心灵的塑造中。在这个过程中，教师需要运用音乐这一载体，有意识地将社会主义核心价值观融入教学中，引导学生在音乐学习的过程中理解和接纳这些价值观。例如，教师在讲解一首歌曲的历史背景和创作意图时，可以顺势讲解相关的社会主义核心价值观的内涵，使其更自然地融入音乐学习中。

（二）提升专业素养和综合素质

在音乐与思政课程深度融合的教育环境中，教师扮演的角色具有其复杂性和挑战性。他们不仅需要具备扎实的音乐技能和知识，为学生提供技术指导，还必须拥有一定的思政教育理论和实践能力，以引导学生在音乐学习中实现思政教育的目标。他们需要在提升自身音乐技术的同时，对思政教育的理论和方法进行深入研究。这种学习不仅可以提升他们的教学效果，也可以为他们自身的专业发展提供广阔的空间。只有具备了高级的音乐技巧和丰富的思政教育知识，教师才能在中学音乐教育中更好地实现教学目标。

（三）无缝融合音乐教学与思政教育

无缝融合音乐教学与思政教育是中学音乐教师在新的教育环境下的一项关键任务。教师需要在设计教学活动时，充分考虑如何将音乐教学和思政教育融为一体。他们可以运用各种手段和方法，例如在教授歌曲时引入社会主义核心价值观，或者在组织音乐创作活动时鼓励学生将这些价值观融入他们的作品中。通过这种无缝融合，教师不仅可以提高学生的音乐技能，还可以培养他们对社会主义核心价值观的理解和认同。

（四）尊重学生个性并引导探索

尊重学生个性和引导其探索是教师在深度融合音乐与思政课程中的另一个重要任务。在这个过程中，教师需要以开放和包容的态度，尊重每个学生的独特性和多元性。他们可以设计一些活动，让学生在音乐创作、表演或讨论中，以他们独特的方式理解和接纳社会主义核心价值观。例如，教师可以组织一次音乐创作比赛，让学生以自己的方式将对社会主义核心价值观的理解表达出来。教师的角色就是在尊重学生个性的同时，引导他们在探索中深化对社会主义核心价值观的理解。

第五章 中学音乐与思政课程深度融合的方案设计

在深度融合中学音乐与思政课程的过程中，广大教师必须精心设计方案，将各种有利元素巧妙地融入其中。要不断丰富有利于中学音乐思政教育工作深入开展的资源，这包括各类学习材料、活动内容等，以提供更多元化、更丰富的教育选择。积极打造中学音乐的思政教育软环境，如体验式教学环境、创新性思维培养、跨文化交流平台以及思政教育技术应用新场景等，以营造更有利于学生接受和理解思政教育的环境。此外，还需充分拓展中学音乐思政教育途径，将课堂教学与课外活动、独立研究等多种方式有效结合，以提高教育效果。最后，必须明确中学音乐与思政课程深度融合的保障条件，包括教师专业素质、学校环境、政策支持等，以确保深度融合方案的有效实施。以上的设计，将为中学音乐与思政课程的深度融合提供一个全面而有效的框架。

第一节 不断丰富有利于中学音乐思政教育工作深入开展的资源

在中学音乐与思政课程深度融合的方案设计中，关键在于深入挖掘并丰富有利于音乐思政教育工作深入开展的资源。这个过程，首要的是以增强教育内容的丰富性和实效性为主导，以此保障教育活动的实质性、积极性和有效性。而基于教育工作本质，提升学生的学习兴趣和主动性作为基本初衷，这是唤醒学生内在动力，推动其深度参与音乐思政课程的重要手段。在此基础上，始终将提高中学音乐思政教育工作效率视为追求，是为了优化教育过程，提升工作成果。最后，将促进思想道德教育发展作为根本目标，更是音乐思政教育的理念和方向，其核心在于引导学生树立正确的人生观、世界观和价值观。具体方案如图 5-1 所示：

图 5-1 中学音乐思政教育工作资源开发方案

一、将增强中学音乐思政教育内容丰富性和实效性置于首位

中学音乐课程思政教育工作资源的丰富化，需要我们从认知、实效和教育质量等多角度进行考虑和应用。这三者的交汇点，就是内容的丰富性和实效性。只有从这个核心出发，才能真正地增强音乐思政教育的工作效果，确保教学内容和方式与学生的实际需求和期待相匹配。如此一来，音乐思政教育工作的首要环节就变得明确：即以增强教育内容丰富性和实效性为首要目标，不断地丰富和完善教育工作资源。

（一）要从中学生对世界的认知和对社会价值观的理解的角度去丰富音乐课程思政教育工作资源

中学音乐课程思政教育工作资源具有无可估量的潜能，它可以拓宽学生的视野，帮助他们树立正确的价值观，并且能够体现学生的主体性。这三个方面的资源运用都是我们从认知和价值观的角度，去丰富音乐课程思政教育工作资源的重要路径。正是这些多角度、多层次的资源运用，使得音乐课程和思政教育得以深度融合，这也彰显了深挖这些资源在促进中学音乐与思政课程相融合的必要性。

1. 做到中学音乐课程思政资源可以扩宽广大学生的视野

音乐是人类文化的重要组成部分，拥有多样性和丰富性。丰富的中学音乐课程思政资源能够为中学生提供多元的视角和宽广的视野，这不仅是在音乐技能和知识上的增长，更是在价值理解和世界认知上的拓展。例如，一首反映社会问题的歌曲，能让学生了解社会的复杂性和多元性，理解不同的社会角色和社会现象。同样，一首描绘美好人生理想的乐曲，可以引发学生对生活和未来的美好向往和积极追求。这些都将有助于他们建立开阔的视野和多元的认知。

2. 做到中学音乐课程思政资源可以帮助中学生树立正确的价值观

在中学阶段，学生的身心发展正在经历重要的变化，特别是在价值观的塑造和认知发展上。这个阶段的学生对世界有着好奇心和探索欲，他们对自我和社会的认知在不断深化和扩展。因此，通过中学音乐课程，我们可以有效地引导学生理解和接受社会主义核心价值观，这对他们价值观的培养和塑造尤为重要。音乐，作为一种独特的艺术形式，通过它的语言和表现力，可以使价值观的传达更为直接和深入。例如，一首歌曲的歌词可能直接表达对诚实、勤奋或爱国等价值的赞扬，或者一首交响乐的主题可能寓含了对勇气、决心或团结等理念的体现。这些都可以让学生在欣赏音乐的同时，接收到这些价值观的引导。此外，音乐教育还可以让学生在实践中体验和理解这些价值观，例如在团队协作中体验团结和合作的重要性，或在创作音乐作品时理解坚持和创新的意义。

3. 做到中学音乐课程思政资源可以体现学生的主体性

学生不仅是音乐学习的主体，他们在参与音乐活动的同时，也是在对音乐作品的主题和意蕴进行理解和体验。例如，学生在学习一首战斗歌曲时，他们不仅需要掌握歌曲的演唱技巧，还需要理解歌曲背后的战争主题和反战思想。这种理解和体验是他们学习音乐的重要组成部分，也是他们主体性的体现。明确的课程评价是体现学生主体性的重要方式。课程评价不应仅仅关注学生的音乐技能和知识掌握情况，更应该关注他们对音乐背后的社会文化和价值观的理解和体验。一个有思政指向的课程评价，可以更好地引导学生进行深入的思考和主动地参与，从而提升他们对社会主义核心价值观的理解和接受。因此，丰富和深化中学音乐课程思政教育工作资源，有助于使音乐教学与思政教育更加深度地融合。

（二）要从实效性的角度不断丰富中学音乐课程思政教育工作资源

中学音乐课程思政教育工作资源的丰富性和实效性是提升课程教学效果的关键因素。这意味着我们需要深入理解这些资源对课程教学效果的影响，理解这些资源如何提高课程教学的有效性，以及如何通过丰富的教育资源提高教育的持久性。这三个方面的理解和掌握都是我们从实效性角度出发，不断丰富中学音乐课程思政教育工作资源的必要步骤，这也是我们深挖这些资源促进中学音乐与思政课程相融合的出发点。

1. 深刻认知中学音乐课程思政教育工作资源对课程教学效果的影响

在对中学音乐课程进行思政教育的过程中，一个关键的因素是如何理解并应用适当的教育资源以产生最大的教学效果。为此，中学音乐课程思政教育工作资源的广度和深度显得尤为重要。思政教育不仅需要依赖于文字描述的理论指导，更需要通过具体的实践活动和生动的实例进行阐述和解读，因此音乐作为一种特殊的艺术形式，其所蕴含的丰富情感和深厚内涵，以及其广泛的影响力和感染力，可以为思政教育提供独特的教育资源。由此可见，中学音乐课程思政教育工作资源对课程教学效果的影响尤为明显。音乐本身就是一种强烈的情感和感官刺激，它能够直接影响到学生的情感和感官体验，从而影响到他们的认知和行为。因此，利用音乐的这种特性，我们可以将音乐课程思政教育工作资源融入音乐课程的各个环节中，通过音乐课程的学习和实践，让学生在欣赏和理解音乐的同时，也能感受到音乐所传达的深厚的思想情感，从而提高课程的教学效果。

2. 要明确思政教育工作资源丰富性可以提升课程教学的有效性

音乐课程思政教育工作资源的丰富性对于课程教学的有效性起到了至关重要的推动作用。音乐在其形态上呈现出多元性和丰富性，为我们开启了一个广阔的教育资源库。这个资源库中包含了各种可以被用于教学的形式和手段，使得教学可以从多角度、多维度出发，提高教学的有效性。例如，通过分析和欣赏音乐作品，教师可以引导学生深入探索音乐作品所蕴含的思想情

感和社会价值。在这个过程中，学生可以逐渐学习到如何从音乐中提炼出深邃的情感和价值观，进一步增强他们对社会的理解。另外，通过音乐创作和表演活动，学生可以亲身参与到音乐的创作过程中，体验音乐的魅力，深化他们对音乐和社会的理解。这种多元化的教学方式不仅能激发学生的学习兴趣，也能提高教学的有效性。

3. 要明确丰富的中学音乐课程思政教育工作资源有助于提高教育的持久性

音乐作品和音乐活动本身就有强大的持久影响力，它们的魅力可以使思政教育的成果得以长久保持和传承。具体而言，通过参与音乐活动，学生可以在沉浸于音乐的美妙之中的同时，体验到思政教育的乐趣。这种乐趣可以帮助学生形成积极的学习态度和良好的学习习惯。而这些习惯和态度的形成，可以使学生在音乐课程的学习中得到持续的思政教育，从而提升思政教育的持久性。这不仅有助于培养学生的社会责任感，也有助于他们在未来的生活和工作中，更好地理解和接受社会主义核心价值观，使他们成为具有良好思政素质的社会公民。

（三）要从全面提升教育质量的角度不断丰富中学音乐课程思政教育工作资源

教育质量的全面提升需要依赖于丰富多元的教育资源，其中，中学音乐课程思政教育工作资源的丰富性和实效性显得尤为重要。在这个框架内，我们将重点关注两个方面：一方面如何通过中学音乐课程资源体现知识技能、思维能力、情感态度和价值观念的培养；另一方面如何确保中学音乐课程资源能够丰富思政内容和引导手段。这两个关键方面构成了我们增强中学音乐思政教育内容丰富性和实效性的侧重点。

1. 要做到中学音乐课程资源体现知识技能、思维能力、情感态度、价值观念培养

音乐作品具有其独特的艺术表达手法，蕴含丰富的文化内涵，而这就是其教育价值的体现。通过对音乐作品的学习，学生在提升音乐技能的同时，还可以对自己的艺术审美能力进行提升。音乐的魅力让人陶醉，而这种陶醉

就是对自身情感态度的一种培养。而在对音乐作品的欣赏和分析过程中，学生们需要运用独立的思维能力，这个过程无疑也是对他们思维能力的一种锻炼。音乐作品往往包含了丰富的价值观念，学生们在欣赏和理解这些作品的过程中，可以更好地理解和接受这些价值观念，从而培养出正确的价值观。因此，丰富的音乐课程资源可以全面提升教育质量，体现了教育的丰富性和实效性。

2. 做到中学音乐课程资源能够确保思政内容和引导手段的丰富性、实用性

音乐作品由于其独特的艺术表现方式，往往具有较强的思想性和引导性，因此可以被视为重要的思政教育资源。一首关于爱国主义的歌曲，其深沉有力的旋律和情感充沛的歌词，可以通过音乐独特的表达方式，深入心灵，引导学生理解和认同爱国主义这一社会主义核心价值观。同时，课程资源还应包含多种教学手段，如音乐欣赏、音乐创作、音乐表演等，让学生在不同的教学活动中，感受和理解到思政教育的内涵。这种多样性不仅让学生在参与中有更多的乐趣，也增强了教学的实用性。所以，这就需要教师在教学中巧妙运用这些资源，以引导学生在音乐的世界中体验思政教育，提升其实效性。这样，课程资源不仅丰富了思政教育的内容，也增加了其实用性，从而进一步提升了整体的教育质量。

二、将提升学生的学习兴趣和主动性作为基本初衷

中学阶段的音乐思政教育，在提升学生学习兴趣和主动性方面具有无可比拟的优势。音乐教育的特性、音乐作品的选择以及学生个性的发展，这三者之间相互影响，共同促进学生的全面发展。针对这个初衷，接下来将重点分析如何依托音乐教育的特性挖掘思政教育元素，如何根据音乐作品选择思政教育元素，以及如何根据学生的个性发展来丰富中学音乐思政教育元素。进一步阐明在这个过程中，深挖中学音乐思政教育工作资源对促进中学音乐与思政课程相融合的重要性。

（一）要做到依托音乐教育的特性挖掘思政教育元素

音乐教育的特性为挖掘思政教育元素提供了得天独厚的优势，音乐自身就

是一种极其强烈的情感和思想的表达方式，能够将深入生活各个方面的社会、文化、历史、政治元素以一种直观的方式展现出来。因此，音乐教育在传递思政教育的过程中，得以充分利用音乐所蕴含的深度和广度。例如，一首音乐作品的歌词，可能是对社会现象的描绘，对历史事件的反映，或者对未来的设想和呼唤。这些都能引发关于社会主义核心价值观的讨论，进一步引导学生了解、理解和接纳这些价值观，从而深入他们的心中。再者，音乐的旋律与和声中，隐藏着音乐创作者对人性的理解和对社会的洞察。这些通过音乐传递的信息，同样能够触动学生的心灵，激发他们对生活和社会的深度思考。

（二）要注重根据音乐作品选择思政教育元素

根据音乐作品选择思政教育元素是提升学生学习兴趣和主动性的另一重要策略。音乐作品本身包含丰富的社会文化信息和价值观念，教师可以依据音乐作品的具体内容，精心选择和引导学生深入研究思政教育元素。例如，对于那些反映历史事件或社会问题的音乐作品，教师可以引导学生深入研究其中的历史背景和社会现象，从而激发他们对社会主义核心价值观的理解和认同。对于那些表达个人情感和人生态度的音乐作品，教师可以引导学生深入探讨其中的情感表达和人生观，从而培养他们的情感态度和价值观。这样一来，思政教育不再是单纯的灌输，而是通过音乐作品的深入研究和讨论，使学生能够主动地思考和探索，提高他们的学习兴趣和主动性。

（三）要做到根据学生的个性发展来丰富中学音乐思政教育元素

根据学生的个性发展来丰富中学音乐思政教育元素是提升学生学习兴趣和主动性的核心策略。每个学生都有自己独特的个性和兴趣，因此，音乐思政教育应该尊重和发挥每个学生的个性，鼓励他们从自己的兴趣出发，主动探索和学习。例如，对于那些对历史感兴趣的学生，可以引导他们通过音乐作品深入研究历史事件和人物，通过这种方式，他们不仅能更深入地理解历史，也能更深刻地理解和接受社会主义核心价值观。对于那些对社会问题感兴趣的学生，可以引导他们通过音乐作品深入研究社会问题，通过这种方式，他们不仅能更深入地理解社会，也能更深刻地理解和接受社会主义核心价值观。

三、始终将提高中学音乐思政教育工作效率视为追求

提高中学音乐思政教育工作效率始终是教育工作的主要追求。为实现这一目标，我们需要充分认识并发掘资源丰富性与效率的关系、音乐思政教育的特性以及教育效果的持久性等方面的重要性。以下内容将从这三个方面入手，探讨如何在保证教育效率的前提下，丰富和深化中学音乐思政教育工作资源，以期揭示它们在推动中学音乐与思政课程融合中的关键作用。

（一）要立足资源丰富性与效率的关系，挖掘中学音乐思政教育工作资源

中学音乐思政教育工作资源的丰富性与教育效率的关系是密切的。具体来看，音乐思政教育资源的丰富性，包括音乐素材、教学方法、教学工具等方面的丰富，都可以提供更多样化的学习方式，帮助学生更好地理解和掌握音乐思政知识，从而提高学习效率。例如，在中学音乐素材方面，丰富的音乐作品可以引发学生对不同文化、历史、社会背景的了解和思考，增加他们的知识面，引导他们进行思考。在教学方法方面，可以根据学生的兴趣和特点进行个性化教学，提高教学效果。在教学工具方面，新型的音乐教学工具，如音乐软件、在线教学平台等，都可以提高教学效率，提升教学效果。

（二）要立足音乐思政教育的特性，挖掘中学音乐思政教育工作资源

音乐思政教育的特性使中学音乐思政教育工作资源的丰富性和有效性显得尤为重要。音乐作为一种情感和思想的表达方式，本身就深深烙印着社会、历史和政治元素。学生通过音乐，不仅可以体验和欣赏音乐艺术的魅力，更能感受和理解音乐背后的社会、历史和政治含义。这使得音乐教育有着独特的优势，成为思政教育的一个重要工具和载体。而这一特性的发挥，离不开丰富和有效的教育工作资源。在这里，可以根据不同音乐作品背后的社会历史背景，挖掘出相应的思政教育元素。这种挖掘并非简单地添加和堆砌，而是要结合音乐作品的艺术特点和社会影响，合理引入思政元素，使之与音乐教学内容有机地融合在一起。另外，教师还要发挥音乐的情感表达特性，引导学生进行情感交流和思想碰撞。音乐教育不仅是知识的传授，更

是情感的交流、思想的启迪。通过合理运用音乐教育资源，引导学生体验音乐，理解音乐，进而引发他们对社会、历史和政治的思考，从而激发他们的学习兴趣和主动性。

（三）要围绕教育效果的持久性，挖掘中学音乐思政教育工作资源

教育的根本目标是促进学生全面发展，而教育效果的持久性则是衡量教育成功与否的重要标准。持久性的教育效果意味着学生在接受教育的过程中，不仅掌握了所学知识，更形成了深刻的理解和独立的思考能力，这种能力将伴随他们的一生。中学音乐思政教育是实现这一目标的重要手段。通过丰富的音乐思政教育工作资源，可以增强教育的多样性和活泼性，使学生在学习过程中享受到乐趣，激发他们的学习兴趣和主动性。例如，可以通过多元化的教学手段，比如互动讨论、小组合作、角色扮演等，使学生从多个角度和层次理解和掌握思政教育的内容。更进一步，多元化的教学资源可以帮助学生在学习过程中不断地发现和解决问题，提高他们的思考能力和创新能力。这种方法的应用，不仅能提高学生在知识层面的掌握程度，更能培养他们的独立思考能力和解决问题的能力，这些能力将对他们的未来发展产生深远影响，从而保持教育效果的持久性。因此，围绕教育效果的持久性，全面挖掘和利用中学音乐思政教育工作资源，是实现高效音乐思政教育的关键。

四、将促进思想道德教育发展作为根本目标

促进思想道德教育的发展始终是教育工作的根本目标。为达到这一目标，我们需要深挖中学音乐思政教育工作资源，以丰富教育内容和提升教育效果。下文就围绕中学生的情感体验、思想道德教育的全面开展，以及主动的、参与式的教育方式这三个方面进行深入讨论，探寻丰富中学音乐思政教育工作资源在促进中学音乐与思政课程相融合中的重要性。

（一）要立足中学生的情感体验来丰富中学音乐思政教育工作资源

音乐，作为一种无国界的艺术，以其特有的表现形式，如旋律、节奏、和声等，触动人的情感，使人产生共鸣。每一段音符，每一个音阶，都可能引发人的喜怒哀乐，引人深思。对于中学生来说，音乐不仅仅是一种艺术，

更是一种情感的输出和导向。在青春期的中学生，由于生理和心理的变化，他们的情绪经常处于一种波动和不稳定状态。这种状态下的情绪，如不加以引导和教育，很可能会导致他们的行为偏离社会规范。而音乐的情感引导力量，恰好可以作为一种工具，引导他们理解和控制自己的情绪。音乐的魅力在于，它可以传达出最深的情感。在音乐中，中学生可以清晰地感受到喜怒哀乐、人性善恶的交织。他们在聆听音乐的过程中，会感受到音乐中的情绪，这种情绪与他们自身的情绪产生共鸣，进而引发他们的思考。他们可能会思考音乐中所表达的善恶、情感等问题，从而提升自身的情感认知能力。对于思政教育工作来说，音乐资源的丰富化可以提供一种新的教育手段。音乐中的人物、情节和情感，都可以用来引导中学生思考人生的真谛，明确做人的准则和价值观。例如，音乐中的某一个人物的经历，可能会引发中学生对于人生、道德、责任等方面的思考；音乐中的情感表达，可以使他们更深入地理解和感受这些情感，从而更好地理解和控制自己的情绪。

（二）要立足提高思想道德教育全面开展来丰富中学音乐思政教育工作资源

教育，特别是思想道德教育的全面开展，绝非一朝一夕之功，它需要教育者的心血和耐心，需要他们倾注全身心去准备每一堂课。音乐，作为一种独特的艺术形式，自古以来就被用来传递思想，激发情感。因此，音乐思政教育工作资源的丰富，正是教育者付出努力的结果，是他们为培养中学生的思想道德而不断寻找、探索和实践的成果。每一首音乐，无论是古典的交响乐，还是现代的流行歌曲，都承载着一种或多种思想，一种或多种情感。音乐的旋律、节奏、和声、歌词等元素，都可以作为传递思想的载体。在音乐的浸润下，中学生可以感受到各种思想，如家国情怀、人生理想、社会责任等，这些思想在音乐中得到了生动、形象地表达，深深地烙印在他们的心中。

（三）要立足主动的、参与式的教育方式来丰富中学音乐思政教育工作资源

教育的实质是促进学生的全面发展，包括思想、情感、技能等方面。在

这个过程中，主动的、参与式的教育方式具有重要的作用。这种教育方式强调学生的主体性，认为学生应在主动参与中学习，在实践中成长，而非被动地接受知识灌输。丰富的音乐思政教育工作资源，可以为中学生提供更多的实践平台，激发他们的学习兴趣，提升他们的学习效果。音乐是一种具有强烈表现力和感染力的艺术形式，它可以激发人的情感，启发人的思维。在音乐的世界中，中学生可以自由地表达自己的想法和情感，他们可以通过音乐创作，发挥自己的想象力，把自己的想法和感情转化为音符。在这个过程中，他们不仅能感受到音乐的魅力，体验音乐创作的乐趣，也能感受到思想的力量，理解思想对个人成长的重要性。音乐创作是一种深度的思考和反思的过程，它需要创作者具备敏锐的感知能力，丰富的想象力，扎实的音乐技能。中学生在音乐创作的过程中，可以锻炼他们的思维能力，提高他们的创新能力。这不仅有助于他们的个人成长，也有助于他们的思想道德素质的提升。

第二节　积极打造中学音乐的思政教育软环境

在探索中学音乐与思政教育的深度融合中，积极打造中学音乐的思政教育软环境显得至关重要。实现这一目标，需要我们从多个维度出发。我们需要打造中学音乐课堂思政体验式教学环境，使学生在实际体验中深化对思政内容的理解；需要强化中学音乐课堂对学生的创新性思维的培养，以激发他们对音乐和思政学习的热情，提升他们的综合素质；需要构建中学音乐跨文化交流平台，开阔他们的视野，增强他们的全球公民意识；更需要打造中学音乐思政教育技术应用的新场景，使他们在接触和使用现代科技工具的同时，增强其未来就业竞争力。这些措施的实施，将促进中学音乐与思政教育的有机融合，为构建更加丰富、有效的教育环境提供保证。其实施方案设计如图 5-2 所示。

打造中学音乐课堂思政体验式教学环境

强化中学音乐课堂对学生的
创新性思维的培养

构建中学音乐跨文化交流平台

打造中学音乐思政教育技术应用新场景

图 5-2　中学音乐思政教育软环境建设方案

一、打造中学音乐课堂思政体验式教学环境

在当今社会，科技与教育的深度融合，已成为教育领域的重要趋势，其中，多媒体融合、音乐故事化教学、音乐创作与思政教育的结合以及利用大数据进行精细化教学，无疑构成了这个趋势的关键元素。因此，如果想要打造中学音乐课堂的思政体验式教学环境，就必须重视并实践这些重要元素。这一环境的打造，不仅是科技与教育融合的必然要求，更是中学音乐思政教育向更高水平发展的重要驱动力。

（一）应做到多媒体融合

当前的信息爆炸时代正是一个多媒体融合的时代。这里的多媒体不仅仅包括音乐、视频、图像等传统的媒体形式，还包括社交媒体、网络游戏、虚拟现实等新兴的媒体形式。所有这些媒体都为我们提供了丰富的教育资源，为中学音乐思政教育工作提供了广阔的空间。尤其是在现代教育环境中，我们已经有了足够的技术手段，能够将这些媒体内容融合在一起，形成一个互动性强、寓教于乐的教学环境。这样的环境不仅可以提供丰富多样的教学内容，还能调动学生的全感官参与，帮助他们从多个角度、多个层面理解和接受思政教育的内容。这种跨媒体融合，也有助于激发学生的学习兴趣，使他们在享受学习乐趣的同时，自然而然地接受思政教育。此外，这样的教学模

式也可以让教师更好地掌握教学进度，更灵活地调整教学方法，以适应不同学生的学习需求。

（二）应力求音乐故事化教学

音乐故事化教学在中学音乐课堂的教学策略中扮演着至关重要的角色。这是因为，人类对故事有着根深蒂固的情感和认知吸引力。我们用故事来理解世界，用故事来解读生活。因此，把思政教育内容融入音乐的故事情节中，无疑是一种极其巧妙的教学策略。它不仅可以使得教学过程更加生动有趣，还能让学生在欣赏各种音乐故事的同时，无形中接受思政教育的熏陶。在具体实施音乐故事化教学时，教师可以运用音乐元素，如旋律、节奏、和声等，构建出生动的故事情节，同时，将思政教育内容嵌入其中。例如，通过一首描绘革命英雄事迹的歌曲，讲述他们为了理想和信念不断奋斗的故事，引导学生理解和认同革命精神的价值。再比如，通过一首描绘社会生活的歌曲，反映社会现象和社会问题，促使学生理解和关注社会公正和公民责任等思政内容。更为重要的是，故事化的教学方式有助于引发学生的情感共鸣，使他们更加深刻地理解和接受思政教育的内容。每一段音乐、每一首歌曲，都可以被赋予深厚的情感内涵和教育意义，这样的音乐故事，既可以打动学生的心灵，又可以激发他们的思考，让他们在感动中接受教育，在理解中形成自己的价值观。通过音乐故事化教学，学生可以在音乐的情感表达和思政教育的理性认知之间找到最佳的平衡，从而使他们对思政教育内容有更深的理解和更高的认同感。

（三）要实现音乐创作与思政教育的结合

音乐创作与思政教育的深度融合，成为中学音乐思政教育的一种重要方式。这种结合的关键在于，鼓励学生将自己的思想和感情通过音乐的形式进行表达。这样的方式不仅能锻炼他们的音乐创作技巧，更能帮助他们理解和掌握社会现象和社会问题。在这个过程中，学生将思政教育的理解和认识与音乐创作相结合，使音乐创作成为他们思考、反思和表达的载体。此做法的优势在于，它能促使学生主动地、积极地投入思政教育中，使他们对思政教育内容的理解更加深入。学生通过音乐创作可以体验到政治概念和社会现象的情感深度，同时也能在音乐创作过程中形成对社会、政治和人文环境的深入理解。在此背景下，音乐不再仅仅是艺术的表现形式，而是思想和情感的载体，通过音乐，学生们可以更直观、更深入地理解社会现象和社会问题，同时也能培养他们的批判性思考和独立思考能力。

（四）应利用大数据进行精细化教学

在中学音乐课堂教学过程中，大数据的应用已经成为现代教育的一种重要趋势。大数据不仅可以帮助教师更好地了解每个学生的学习状况，还可以帮助教师更准确地把握教学进度，更科学地调整教学策略和方法。在实践中，我们可以通过对学生的学习行为和反馈进行数据收集和分析，进而更准确地了解他们的学习状态和需求。这种精细化的教学方式，可以在一定程度上解决传统教学中"一刀切"的问题，使教学更具有针对性，更能满足每个学生的个性化学习需求。这种教学方式的实践，不仅能使教学更加符合每个学生的个性化需求，还能有效提高教学效果，提高学生的学习效率和兴趣。大数据的引入，更加强化了音乐思政课程的个性化教学，使教育更加人性化，更符合学生的个性化需求，从而达到更好的教学效果。

二、强化中学音乐课堂对学生的创新性思维的培养

在 21 世纪的学习生态中，"创新"已成为学生必须具备的核心技能，它不仅激发学生对音乐和思政学习的热情，更有助于培养他们的综合素质，并帮助他们适应未来社会。因此，强化中学音乐课堂对学生的创新性思维的培养，具有重要的现实意义和长远价值。这一过程的深化，无疑构成了积极打造中学音乐思政教育软环境的重要一环，是推动中学音乐思政教育持续发展和升华的重要推手。

（一）要明确"创新"是 21 世纪学生必须具备的技能

"创新"，这个词已经渗透到了 21 世纪的各个角落。对于中学音乐课堂，强调创新性思维的培养同样显得至关重要。不论是在音乐创作、表演，还是在对音乐历史和理论的理解中，创新性思维都是驱动学生进步的关键动力。它是推动学生突破传统束缚，挑战已有框架，形成独特见解的源泉。这种独

特见解往往是从对已有知识的深入理解中产生的，是在对传统理论的质疑中产生的，是在主动探索中产生的。创新性思维的培养是提高中学音乐教育质量的必要条件，是促进中学生全面发展的重要手段。

（二）要高度明确创新性思维能激发学生对音乐和思政学习的热情

培养创新性思维，意味着引导学生从不同角度和层次去探索和理解音乐，激发他们的好奇心和求知欲。这将为他们对音乐和思政学习产生热情，提高他们的学习积极性。当学生在学习过程中能够自由发挥创新思维，他们就有可能在音乐中发现新的意义，找到新的解释，从而深入理解和接受思政教育的内容。音乐本身就具有独特的情感表达力，它能够通过音乐语言传达出深层次的思想和情感，使学生在音乐创新的过程中，体验到思想的碰撞和情感的交流。这种创新体验不仅能激发学生的学习兴趣，还能促使他们主动地参与到思政教育中来，形成积极的思想态度。

（三）要明确创新性思维有助于培养中学生的综合素质

创新思维是一个全面而复杂的过程，它不仅涉及逻辑推理、问题解决等高级认知能力的培养，同时也包含了情感、价值观、道德意识等非认知因素的内涵。其实，创新思维并不是孤立产生的，它是在理解和吸收现有知识的基础上，加入个人的感知和经验，对已有的知识进行创新性的整合、改造和拓展。在这一过程中，学生需要具备扎实的专业知识、敏锐的感知力、开阔的视野、坚定的信念，以及勇于探索的精神。这种全方位的素质培养方式，能帮助他们在未来的生活和工作中更好地运用创新思维，积极应对各种挑战。对于中学生来说，音乐课堂是培养其创新性思维的良好场所。通过音乐的创作和解读，学生们可以发现问题，提出解决方案，甚至创造出全新的音乐形式。此外，音乐课堂上的创新性思维培养也有助于学生形成积极的人生态度和价值观，这对于他们的人格完善和精神健康有着重要意义。

（四）要明确创新性思维能帮助中学生适应未来社会

每一位中学音乐教师必须看到，未来的社会将是一个知识经济和创新驱动的社会。在这个社会中，充满挑战和机遇，创新性思维的拥有者将具有更大的竞争优势。他们能够在面临问题和困难时，找到新的解决方案，能够在面临挑战时，发挥出自身的创新能力，推动社会的进步。对于中学生来说，培养创新性思维，就等同于给他们提供了一把可以打开未来的钥匙。这种教育理念的实践，无疑会使学生们在未来社会中游刃有余，充分实现自我价值。这就是为什么我们需要在中学音乐课堂中强化学生创新性思维培养的原因。通过引导学生在音乐和思政课程中发展和运用创新性思维，我们不仅能够增强他们的音乐技能和思政意识，更能为他们的未来生活铺设坚实的基础。

三、构建中学音乐跨文化交流平台

在全球化的大背景下，中学音乐课堂不仅要增进学生对不同文化的理解和尊重，还需体现培养全球公民意识的功能。同时，音乐课堂也应为学生提供实践和创新的机会，更需要成为一种有效的思政教育方式。在这样的视野下，构建中学音乐跨文化交流平台成为积极打造中学音乐思政教育软环境的关键一环，也是音乐教育深度融合的重要途径。

（一）中学音乐课堂要具有增进学生对不同文化的理解和尊重的作用

构建中学音乐跨文化交流平台在中学音乐与思政课程深度融合中起着至关重要的作用。通过这样一个平台，音乐课堂能够帮助学生增进对不同文化的理解和尊重。音乐作为一种全球性的语言，拥有无国界的特性，从而成了不同文化背景下人们相互理解和交流的重要媒介。每一首音乐作品，都蕴含着其所在地域文化的特点和历史传统，通过欣赏和研究这些音乐作品，学生可以了解到各种不同的文化元素和社会背景。音乐故事、风格、技巧、元素等，都是文化的表现形式，学生在音乐创作和欣赏的过程中，可以从中感受到各种文化的魅力，同时也能增进对其他文化的理解和尊重。比如，在学习欣赏非洲鼓乐、拉丁舞曲或者中国古典音乐时，学生就可以从中理解到不同地区的历史文化背景、习俗习惯，甚至是他们的思想观念和价值取向。这样的理解和尊重，为培养他们具有开放和包容心态的国际视野奠定了基础。

（二）中学音乐课堂教学活动要具有培养全球公民意识的功能

构建中学音乐跨文化交流平台，也是培养全球公民意识的重要方式。全球公民意识是指个体对全球问题有深度理解和积极行动的意识。音乐作为一种全球共享的艺术形式，它的跨文化性使得学生可以在学习过程中，接触到不同的文化和视角，从而开阔他们的国际视野。在音乐跨文化交流平台上，学生可以了解到全球多元文化的存在，感受到各地音乐的独特魅力。在这样的过程中，他们能够学会尊重和接纳文化差异，懂得在全球化背景下的相互依赖与合作，进而培养起全球公民意识。这种意识的培养，无疑是对他们全面发展和适应未来社会的重要准备。

（三）中学音乐课堂教学活动要具有培养创新性思维的功能

当教师谈论构建中学音乐跨文化交流平台时，强调为学生提供实践和创新的机会就显得尤为关键。因为在这个过程中，学生的每一次参与都像是一次探险，带着他们走向一个新的、前所未有的领域，让他们用自己的智慧和才能去开辟、去创新。音乐作为一种丰富多彩、变化无穷的艺术形式，提供了广阔的空间，让学生去挖掘、去实践、去发现自我。因此，为学生提供实践和创新的机会，就是让他们有机会更深入地接触音乐，更深入地了解和感受音乐的魅力。学生在音乐实践活动中，不仅可以将所学的音乐理论知识和技能运用到实践中，验证其正确性，也可以在实践过程中发现问题，提出疑问，激发他们的好奇心和探索欲望。这不仅有助于他们深化对音乐的理解，也可以培养他们独立思考、解决问题的能力。而音乐创作活动，则可以让他们发挥自己的想象力和创造力，通过音乐表达自己的思想感情，这既能培养他们的艺术修养，也能提升他们的创新能力，培养他们的创新性思维。

（四）中学音乐课堂教学活动应可以作为一种有效的思政教育方式

从更深层次来看，音乐课堂教学活动也具有极高的思政教育价值。音乐作为一种强大的情感表达和价值传递的工具，教师可以通过音乐作品，以及音乐背后的故事和历史文化，引导学生理解和接受思政教育的内容。比如，通过欣赏具有强烈爱国主义主题的音乐作品，学生可以感受到爱国主义的伟大和美好；通过学习反映民族精神的音乐作品，学生可以理解到民族文化的独特性和价值。这样的教学方式，既能打动学生的心，又能引导他们进行深度思考，有效地提高思政教育的效果。

四、打造中学音乐思政教育技术应用新场景

在数字化快速发展的时代，打造中学音乐思政教育技术应用的新场景已成为必然趋势。通过丰富和拓展音乐思政教育的内容和形式，增强音乐思政教育效果，培养中学生的数字素养和创新能力，确保提高学生未来就业竞争力，这些都是构建这个新场景的重要目标。这样的技术应用场景，将成为积极打造中学音乐思政教育软环境的重要保证。

（一）中学音乐课堂要打造出丰富和拓展音乐思政教育的内容和形式

当谈及打造中学音乐思政教育技术应用的新场景时，首当其冲的是拓展音乐思政教育的内容和形式。音乐课堂传统的授课方式可能会使学生感到枯燥乏味，缺乏积极参与的动力。而技术的应用则可以大大丰富教学内容，如利用虚拟现实技术可以让学生身临其境地了解音乐的历史和发展历程，使用数字音乐创作软件则可以激发学生的创新思维，鼓励他们尝试自己创作音乐。同时，这些新颖的教学形式也会使教学过程变得更为有趣，提高学生的学习热情，使他们更愿意主动参与到课堂活动中来。

（二）中学音乐课程要具备提高音乐思政教育效果的能力

以技术为手段，中学音乐课程在深度融合思政教育的过程中显得至关重要。音乐能够触动人的情感，同时也是理想的载体，可传递思政教育的深意。与传统的思政教育相比，音乐思政教育能够在一定程度上弥补其在教学效果上的不足。以往的思政教育方式常常以讲述和理论解释为主，尽管这些方式也有其价值，但不得不说，它们常常容易让学生感到难以接近和理解。其中一个重要原因就是它们无法引起学生的情感共鸣。而音乐，凭借其独特的艺术魅力和情感表达力，却能够有效地打动学生的内心，从而帮助他们更好地理解和接受思政教育的内容。借助现代科技手段，中学音乐课程可以更加有效地提升音乐思政教育的效果。例如，通过制作音乐视频，可以将思政教育的主题以视觉和听觉的形式直接呈现给学生，这样不仅可以激发他们的学习兴趣，更可以引导他们深入思考，从而对思政教育的主题有更深的理解。又例如，编写音乐故事，通过寓教于乐的方式，将思政教育的内容巧

妙地融入音乐故事中，这样既能够让学生在享受音乐的过程中不知不觉地接受思政教育，也能够让他们在理解音乐故事的过程中自然而然地接受思政教育的熏陶。这样的教学方式不仅能够充分利用音乐的情感表达力，更能够充分利用现代科技的优势，让学生在更丰富、更直观、更有趣的学习环境中接受思政教育，从而极大地增强音乐思政教育的效果。音乐与思政教育的深度融合，不仅能够使思政教育变得更有趣，更能够使学生在乐学中接受思政教育，真正起到了教育的目的。

（三）中学音乐课堂要具备培养中学生数字素养和创新能力的功能

数字素养涵盖了从获取和理解数字信息，到评估和使用数字工具，再到在各种情境中应用数字技能的全过程。音乐课堂提供了一个绝佳的平台，让学生在亲身实践中提升这些技能。例如，在线乐器、音乐创作软件、音乐编辑工具，以及各种音乐资料库，这些都是在音乐课堂中常见的数字工具。学生可以利用这些工具学习音乐，同时也在不知不觉中提升了自己的数字素养。这不仅包括了如何正确高效地使用这些工具，还包括了如何安全地在网络环境下获取和共享信息，如何对信息进行批判性思考等。创新能力则是21世纪最重要的能力之一。音乐，作为一种创新性极强的艺术形式，提供了丰富的空间让学生发挥他们的创新思维。在音乐课堂中，学生不仅可以在创作自己的音乐作品中发挥创新，还可以在理解和演奏别人的音乐作品中寻找创新的灵感。这些都可以帮助他们实现自我表达和价值创新。

（四）中学音乐课堂还要确保可以提高学生未来就业竞争力

在一个全球化、信息化的社会中，学生的就业竞争力不仅取决于他们的专业知识和技能，更重要的是他们的综合素质，包括数字素养、创新思维、跨文化交流能力等。这就使得音乐课堂的功能变得更为重要和复杂，因为它不仅要教授学生音乐知识，还要帮助他们提升在未来就业市场上所需的关键能力。现今社会，技术无处不在，科技应用的能力已成为衡量一个人就业竞争力的重要指标。中学音乐课堂就是一个理想的场所，让学生在实际操作中接触并学习各种先进的媒体工具，比如使用音乐制作软件创作音乐，利用音乐编辑工具进行音乐剪辑，通过在线平台进行音乐分享和交流等。在这个过程中，他们的媒介素养得到了提高，对未来就业市场的需求有了更深入的理解，这无疑是他们未来职业生涯的一大优势。另外，创新思维和问题解决能力也是当今社会极为看重的能力。音乐课堂提供了一个富于挑战和可能性的环境，学生可以在这里尝试解决各种问题，比如如何改编一首曲子，如何创作一首新歌，如何通过音乐表达自己的情感等。在这个过程中，他们的创新思维得到了锻炼，问题解决能力得到了提升。这些能力在任何职业领域都是非常宝贵的，也将大大增加他们的就业竞争力。

第三节　充分拓展中学音乐思政教育途径

在今天这个多元与变化的时代，中学音乐思政教育途径需寻求更多的可能性和拓展。教育资源的充分利用和学生音乐鉴赏能力的全面培养就显得尤为关键，他们不仅丰富了音乐课堂的形式，也增强了学生的音乐审美体验和学习的积极性。在此基础上，一方面，善于组织多种音乐活动能进一步激发学生的创新意识和实践能力，从而为思政教育提供更为宽广的平台。另一方面，随着信息技术的发展，网络资源的优化使用开拓了扩展教育途径的新领域。中学音乐课程依托网络资源、全球化视角和个性化学习路径为学生展现了一种全新的学习方式。深度引导学生的情感体验，可以帮助学生更好地理解音乐的情感内涵，领悟生命的价值。同时，课程教学方法的创新性不断提升，也是拓展中学音乐思政教育途径的重要措施，这种创新性的追求使得课程教学更加符合现代教育理念，更能满足学生的需求。

一、教育资源的充分利用

在现代教育体系中，资源的充分利用是提升教育质量的重要手段。特别是在中学音乐思政教育中，音乐资源和思政资源的合理利用不仅能创设丰富的教育情境，形成对学生的深度情感引导，还能实现跨学科融合与个性化教学。

（一）充分利用音乐资源创设思政教育情境

音乐，作为一种通用的语言和艺术形式，有着独特的魅力和影响力。它的旋律、节奏与和声都可以有效地触动人的情感，帮助人们更好地理解和感知世界。在中学阶段的教育活动中，音乐也被越来越多地用于构建教育情境，以实现寓教于乐的目标。其间，音乐资源的充分利用可以引发学生的情感共鸣，并且促使教师在课堂教学中的教学方法不断创新。这样不仅可以让更多的内容融入中学音乐课堂教学活动中，为学生建立一个良好的思政教育情境，更能全面提升学生的参与度，为中学音乐与思政课程的深度融合打下坚实基础。

（二）充分利用音乐资源形成对学生的情感引导

音乐，这种独特的艺术形式，能够以其深厚的情感表达能力，触动学生的心灵，从而达到潜移默化的思政教育效果。音乐资源为思政教育提供了新的载体和手段。在音乐的旋律、节奏与和声中，可以将复杂抽象的思政教育内容转化为直观、具体、生动的音乐语言，使教育内容更容易被学生接受和理解。这种直接、有效的教学方式，可以帮助学生在享受音乐的快乐的同时，深入理解和接纳思政教育的内容。除此之外，它能够作为一种独特的教育手段，对学生进行全方位的熏陶。音乐的情感引导功能，可以帮助学生树立正确的世界观、人生观和价值观，进一步提高思政教育的效果。

（三）充分利用思政资源实现音乐课堂的跨学科融合

在探索和拓展中学音乐思政教育途径的过程中，充分利用思政资源实现音乐课堂的跨学科融合是一种重要的方式。它将思政教育与音乐教育有机结合，从而在课堂教学中实现了音乐与思政教育的双重效果。其中，思政教育内容的引入，可以让音乐课堂教学更加丰富和深入。学生不仅可以在课堂上学习音乐技能和知识，还可以通过学习音乐作品背后的社会、历史背景，增强对社会主义核心价值观的理解和认同。这种方式，既满足了学生的音乐学习需求，又提高了思政教育的教学效果，更体现出音乐课堂的多元化和综合化特点。

（四）充分利用思政资源实现音乐课堂的个性化教学

在中学音乐思政教育途径的拓展中，充分利用思政资源实现音乐课堂的个性化教学显得尤为关键。这种方法能有效结合学生的个性差异，发挥音乐教育和思政教育的双重效果，以培养学生全面的素质。其原因在于思政资源的充分利用不仅可以提供音乐教育的内容和素材，更能为实现音乐课堂的个性化教学提供理论和方法支持。在教学过程中，教师可以根据学生的个性差异和需求，选取不同的思政教育内容，巧妙地进行融合和传递，从而使每个学生都能在音乐学习的过程中，深化对社会主义核心价值观的理解和接纳。这种教育方式以学生为中心，关注每一个学生的特点和需求，强调音乐和思政教育的个性化和情境化，使教学更具针对性和效果。

二、学生音乐鉴赏能力的全面培养

在中学音乐思政教育中，音乐鉴赏能力的全面培养占据核心地位。这不仅涉及提升学生的音乐审美体验，丰富音乐课堂思政教育形式，也关乎提高课堂的趣味性，激发学生在音乐和思政领域学习的积极性和主动性。通过深入挖掘音乐的审美价值和教育价值，能有效拓展音乐思政教育途径，从而使学生在音乐鉴赏过程中领略更为广阔的人文精神和社会意义。

（一）增强学生的音乐审美体验

音乐教育在中学阶段扮演着重要的角色，它为学生提供了广泛的审美体验，从而强化了学生的情感表达能力和创新思维能力。而增强学生的音乐审美体验，就是让学生通过音乐教育的过程，接触更多的音乐作品，理解音乐作品的内在意义和情感寓意，从而让学生在音乐中找到情感的共鸣，感受音乐的美好。音乐往往携带着丰富的思想内容和情感表达，通过音乐的审美体验，学生叫以感受到音乐所传达的思想和情感，从而深入理解和接受思政教育的内容。

（二）丰富音乐课堂思政教育形式

在课堂教学中，如果只是单一地传授知识，往往会使学生感到乏味，缺乏兴趣。而如果能够以多种形式进行教学，使得课堂氛围活跃，学生的学习

热情会大大提高，从而使得教育效果得到显著提升。具体而言，丰富的音乐课堂思政教育形式能够提高学生对音乐课堂的兴趣和参与度，使学生更加主动地参与到课堂中，从而提高教学效果。同时，丰富的教育形式也有利于激发学生的思维活力和创新能力，培养学生的独立思考能力和问题解决能力。并且这样不仅可以使学生享受音乐的美好，还能更好地接受和理解思政教育的内容，助力学生实现个人的全面发展。

（三）提升音乐课堂的趣味性

音乐课堂的趣味性能够激发学生的学习兴趣，提高学生的学习参与度，从而提升教育效果。而在音乐与思政教育的结合中，趣味性的提升不仅能够使学生更好地接受音乐教育，同时也能够使他们更好地理解和接受思政教育的内容。这种主动参与不仅能够提高教学效果，也有利于培养学生的主动学习能力和创新能力。同时，趣味性的提升也能够使音乐课堂变得更加生动活泼，使得学生在享受音乐的乐趣的同时，也能够更好地理解和接受思政教育的内容。还有一点应高度重视，即通过趣味性的提升，可以使音乐教育和思政教育更好地结合，使学生在享受音乐的乐趣的同时，也能够接受思政教育，实现教育的全面性和平衡性。

（四）带动学生音乐领域和思政领域学习的积极性和主动性

在中学音乐课堂教学中，通过音乐资源和思政资源的全面应用，不仅可以丰富课堂教学的内容和形式，更能培养学生的积极性和主动性，以此让学生建立起对音乐和思政学习的热情和兴趣。这样的学习态度不仅能够提高学生对音乐和思政知识的掌握程度，还能够提升他们对音乐和思政的独立思考能力，为他们的全面发展奠定基础。这样的教学过程可以让学生在学习音乐知识的同时潜移默化地接受思政元素，同时思政元素能够引导学生理解和领悟音乐背后的道德和社会价值，使学生在享受音乐的美好的同时，也能感受到思政教育的深远影响。

三、善于组织多种音乐活动

中学音乐课堂教学的丰富性与多样性是提升教育效果的重要因素。借助多种音乐活动的组织和引导，我们可以更有效地激发学生的思考与讨论，建立音乐与思政的内在联系，促进学生的社会参与，并强化道德情感。这些活动的组织与实施不仅丰富了音乐课堂，也为中学音乐思政教育的深入开展提供了更为广阔的途径。

（一）中学音乐课堂教学过程要善于激发学生的思考和讨论

音乐课堂教学过程中，善于激发学生的思考和讨论具有深远的意义和价值，尤其对于拓展中学音乐思政教育途径具有独特的推动力。具体而言，激发思考和讨论可以提升学生的思维活跃度，鼓励他们主动地参与音乐学习和思政教育。在课堂上，教师可以借助音乐的魅力，引导学生深入思考音乐背后所蕴含的社会文化和思想道德信息，同时鼓励他们自由发表观点，创造出充满活力的课堂氛围。这样的教学方式能够激发学生的积极性和主动性，让他们更好地理解和吸收思政知识，从而在不知不觉中实现思政教育的目标。

（二）中学音乐课堂教学过程要善于建立思政主题的音乐语境

音乐本身是一种能够强烈表达和引发情感的艺术形式，将思政主题融入音乐语境中，既可以使得中学音乐教学内容丰富多元，又可以增强思政教育的感染力和吸引力。这种音乐语境的创设，使得思政教育更为生动形象，更容易引起学生的共鸣，从而实现对思想观念的深入熏陶和引导。另外，建立思政主题的音乐语境，实质上是实现了音乐教育与思政教育的有机融合，突破了两者之间的界限，提升了教育的整体效果。这种融合方式，使得音乐教育不再仅仅是艺术技能的学习，同时也能承载并传达重要的思想、道德和社会价值观。对于学生来说，这将使他们的学习更加全面，更有深度，更具人文精神。

（三）中学音乐课堂教学活动要善于促进学生的社会参与

中学音乐教学活动的社会参与性能使得学生从理论学习到实践应用的过程更为流畅，将所学音乐知识与社会实际相结合，有效地提高了学生的社会实践能力。此外，这样的教学方式也能在实践中塑造和提升学生的思政意识，从而更好地实现教育目标。除此之外，音乐教学活动的社会参与性突破了教室内的固有教学模式，使得学生在实践中感受社会、理解社会，从而更好地培养其社会责任感。而这样的教学模式也是实现音乐教育与思政教育相融合的有效方式，让学生在音乐的学习过程中，体验并理解到社会主义核心价值观。

（四）中学音乐课堂教学活动要善于强化学生的道德情感

在中学音乐课堂教学活动中，强化学生的道德情感就是为了塑造学生的道德品质，从而让他们在音乐的学习和欣赏过程中，树立良好的道德观念和行为习惯。所以音乐课程本身就要富有情感和道德内涵，让学生通过音乐可以理解和感受到道德的真善美，从而提升他们的道德情感。在这样的教学活动中，学生在音乐的学习和欣赏中可以体验到音乐的情感魅力，理解音乐中的道德价值，从而达到道德教育的目的。音乐教育和思政教育的融合，让道德情感的教育变得更为立体，更能引发学生的内心共鸣。

四、网络资源要最大限度发挥作用

网络资源的广泛利用正在引领中学音乐教育的新潮流。这些资源的特性不仅能增强音乐教学活动的个性化，而且能帮助音乐课堂全面体现全球化的视角，还能辅助学生形成符合自身发展特点和规律的学习路径。借助网络资源的独特优势，我们可以更好地推动中学音乐思政教育途径的拓展与深化，使学生在接触音乐的同时，也能感受到思政教育的熏陶，这样既拓宽了教学视野，又充实了教育内容。

（一）中学音乐教学活动要依托网络资源不断增强个性化

中学阶段的学生正处于身心发展的关键阶段，他们的兴趣和需求各不相同。依托网络资源，教师可以提供更多元、更个性化的音乐学习内容和方式，满足学生的独特需求，从而让学生在音乐学习的过程中产生更多的兴趣和热情。学生可以根据自己的兴趣和需求选择自己喜欢的音乐，进行自我探索和自我学习。这样的自主学习方式，不仅可以激发学生的学习热情，提升学习效果，而且有利于培养他们的自主学习能力和独立思考能力。而从教师的角度出发，教师可以针对每个学生的特点和需求，有针对性地引导他们理解和体验音乐背后的思政内涵。这种方式不仅可以使思政教育更具针对性，也更有可能触动学生的内心，使他们真正接受和理解思政教育的内容。

（二）中学音乐课堂要依托网络资源充分体现全球化视角

音乐资源的全球化和音乐观念的全球化。网络资源的广泛应用，让我们有可能接触到世界各地的音乐，从不同的文化和历史背景中提炼音乐精髓，提供更丰富的音乐素材，满足学生对音乐的多元化需求。同时，全球化视角也在不断打破固有的音乐观念，为我们对音乐的理解和欣赏提供了更开阔的视野。而且全球化的音乐教学视角使学生能够接触到不同国家和地区的音乐，理解不同文化背景下的思政观念。这不仅能够提升学生的音乐审美能力，也能够引导他们从全球视角去理解和思考思政问题，进一步提高他们的思政素养。还有一点不可否认，在全球化的音乐学习过程中，学生需要接触和理解各种不同的音乐形式和思政观念，这对他们的思维能力和包容心态提出了更高的要求。这不仅有助于他们在音乐学习中获得成功，更有利于他们在未来的生活和工作中更好地应对全球化带来的挑战。

（三）中学音乐课堂要依托网络资源帮助学生形成个性化学习路径

音乐是一门包罗万象的学科，每个学生的兴趣点、专长、学习方式等都有所不同。借助网络资源，教师可以提供个性化的音乐教学内容，满足每个学生的特定需求，如提供不同类型的音乐、各种学习方法和资料等，进而实现教学的个性化。这样的教学过程可以确保学生在他们喜欢和擅长的领域内学习，从而提高学习的兴趣和热情，同时也增强他们的学习动机。通过网络资源，学生可以根据自己的节奏和需求进行学习，进一步提高学习效果。同时思政教育并不仅仅限于传统的课堂讲授，而应当以更开放、更富有创新性的方式进行。依托网络资源，教师可以设计各种音乐活动，如在线音乐创作、音乐评论等，将思政元素融入其中，使得学生在参与音乐活动和体验音乐的同时，也能感受到思政教育的影响。

五、深度引导学生的情感体验

情感体验在中学音乐课程中扮演着至关重要的角色。通过深入的音乐学习和体验，学生对复杂情感的理解得以提升，他们也会建立起积极的情感态度。音乐课程旨在推动学生的思想交流，帮助他们领悟生命的价值。这一过程不仅丰富了学生的情感世界，更为中学音乐思政教育开创了新的路径，实现了教育目标与学生发展的良好结合。

（一）中学音乐课程要增强学生对复杂情感的理解

音乐是一种特殊的语言，可以直接与人的情感世界接触，触动人的心灵。通过音乐，我们可以表达自己无法用言语表达的复杂情感。在中学音乐课程中，通过音乐作品的欣赏和学习，学生可以对各种复杂情感有更深入的理解。他们学习如何在音乐中寻找情感的痕迹，如何通过音乐传达自己的情感，如何理解他人通过音乐表达的情感。这不仅有助于他们的情感成长，也有助于他们的人格发展和社会适应。学生在课堂中通过对复杂情感的理解，也可以对社会生活有更深入的认识。他们可以从音乐中看到生活的多样性和复杂性，看到人们在面对困难和挑战时的勇气和坚韧，也可以看到人们在追求梦想和理想时的激情和决心。这些都将有助于他们建立正确的价值观，培养他们的社会责任感和公民意识。并且这一过程不仅可以丰富他们的音乐学习经验，也可以拓展他们的思政教育视野，使他们在音乐学习的过程中获得更深层次的人文关怀和社会启示。

（二）中学音乐课程要帮助学生建立积极的情感态度

音乐具有直接触及人心、唤起和引导情感的能力。中学阶段，是学生情感态度形成和定型的关键期，这段时间的情感教育尤为重要。在中学音乐课程中，音乐的欣赏和表达可以引导学生体验各种情感，学生在音乐中可以感受到喜悦、忧郁、安慰、热情等多种情感。这样的体验可以引导学生理解并接纳各种情感，有助于他们建立积极的情感态度。情感态度的建立对于学生的人格发展、价值观建立有着深远影响。积极的情感态度可以让学生更好地面对生活的挑战，更好地理解和处理人际关系，更好地培养良好的人格品质。而这些都是音乐思政教育需要关注的重要内容。在音乐课程教学活动中，不仅可以提供丰富的情感体验，也可以提供理论引导，帮助学生理解情感、表达情感，探讨情感与个人成长、社会关系、社会责任等的关系，让思政教育从理论上升到情感层面，使其更为生动、深入。

（三）中学音乐课程要推动学生思想交流

音乐是全人类的共同语言，横跨各种文化和社会，以其独特的形式传递着思想和情感。当学生在音乐课程中进行思想交流时，这种交流不仅在思想层面，还在情感、审美等多个层面。中学音乐课程中的思想交流可以帮助学生更好地理解和表达自己的思想和情感，提升他们的交流能力。这是一种积极的社交能力的培养，有利于学生的个人成长和社会适应。并且学生在音乐课程的思想交流过程中，还可以帮助自己理解和尊重他人的思想和情感，提升他们的同理心和包容心。这对于培养学生的公民素质、促进社会和谐有着重要作用。另外，中学音乐课程的思想交流也可以引发学生对社会问题、价值观念、人生理念等重要问题的思考。学生在音乐欣赏、创作、表演等活动中，会接触到各种音乐作品、音乐风格，会体验到不同文化背景、不同历史时期的人们的思想和情感。这些体验和思考可以引导学生对人类社会、文化、历史等进行更深入的理解，有利于他们形成开放的世界观、多元的价值观、独立的人生观，这是思政教育的重要目标。

（四）中学音乐课程要帮助学生领悟生命价值

中学音乐课程的独特之处在于，它的学习与体验过程本身就蕴含着对生命的欣赏和感悟，这对学生形成良好的人生观有深远的影响。

音乐，被誉为是灵魂的语言，其力量能够穿透人的内心深处，引发人们对生命、人性和自然的思考。音乐作品中的旋律、和声和节奏等元素，既反映了作曲家的情感体验，也反映了他们对生命和世界的理解。在学习和欣赏这些音乐作品的过程中，学生有机会深入了解到这些情感和理解，进一步引发他们对生命价值的思考和领悟。

中学音乐课程教学的过程，更是一个让学生亲身参与创造、表达和分享的过程、体验生命的过程。在音乐创作中，学生可以根据自己的感受和理解，创造出自己的音乐作品；在音乐表演中，学生可以通过演奏和演唱，表达出自己的情感和理解；在音乐分享中，学生可以通过与他人交流和分享，收获认同和欣赏。这些过程让学生深刻地体验到生命的丰富和多彩，引导他们领悟到生命的独特和无可替代。这显然让中学音乐课程的教育目的不仅在于传授音乐知识，更在于通过音乐教育，帮助学生形成对生命的热爱，对世界的善待，对他人的尊重，而这些也都是中学思政教育的重要目标。

六、课程教学方法的创新性不断提升

中学音乐课程的教学方法一直在追求创新，致力于全面强化课程的实践性。这种创新性追求让课程蕴含着促进学生深度学习的功能，帮助学生从实践中学习，从学习中实践。同时，课程还鼓励学生进行自我反思，对自身学习和体验进行思考和总结。这些都是在音乐课程中实现思政教育拓展的重要方式，以音乐之名，实施教育之道。

（一）中学音乐课程要全面强化课程的实践性

实践性是音乐教育的一个重要特点，也是思政教育的一个重要组成部分。在音乐课程中，学生通过实践活动，如演唱、演奏、创作、音乐欣赏等，了解音乐知识，提升音乐技能，体验音乐魅力，提高音乐素养，形成良好的审美情趣和情感态度，同时也能深入理解和感受社会主义核心价值观和社会主义文化的魅力。在中学音乐课程的实践中，学生可以在参与音乐活动的过程中，接触和理解社会主义核心价值观。这些价值观通过音乐的形式，以情感的方式深入学生心中，使学生在音乐实践中接受思想教育，深化对社会主义核心价值观的理解和认同。还有一点需要得到高度重视，即：通过音乐的实践活动，学生可以了解人与人之间的相互关系，人与社会的相互关系，人与自然的相互关系，从而培养对人生和社会的深入理解和认知，建立积极的人生观和世界观。

（二）中学音乐课程要具有促进学生深度学习的功能

深度学习，是指学生通过深入理解和掌握音乐知识，培养音乐技能，形成良好的审美情趣，建立正确的音乐价值观，提高音乐素养，实现个性化发展、全面发展、终身发展。中学音乐课程的深度学习，可以帮助学生形成独立思考和批判思考的能力，培养学生的创新精神和实践能力，使学生在音乐实践中感受到思政教育的真实性和感染力。音乐是情感的艺术，具有极高的情感感染力，可以深入人心，引导学生的情感态度，形成正确的价值观，建立积极的人

生观和世界观。中学音乐课程是情感教育的重要途径，是情感态度的培养和价值观引导的重要方式。深度学习也是中学音乐课程的一个重要特点，音乐课程通过深度学习，使学生在掌握音乐知识，培养音乐技能的同时，也能深入理解社会主义核心价值观，感受社会主义文化的魅力，感受音乐的情感魅力，从而接受思想教育，深化对社会主义核心价值观的理解和认同。

（三）中学音乐课程要能够促进学生形成自我反思

中学音乐课程教学本身就是情感、知识和技能的教学，这是它的内在属性，也是它的基本功能。自我反思，是指学生能够反思自己的学习过程，自我评价自己的学习效果，自我调节自己的学习行为，以提高自己的学习效果。自我反思，是学生主动参与音乐学习的一个重要表现，是他们自主学习、终身学习的一种重要能力。在中学音乐课程教学活动中，学生不仅是音乐的接受者，也是音乐的创造者。他们在反思自己的音乐学习过程和效果中，理解音乐的内涵，感受音乐的情感，体验音乐的魅力，提高音乐素养，感悟生活真谛。在反思中，学生形成对音乐、对社会、对人生的深层理解，引导他们建立正确的价值观，提升他们的思想道德素质。

第四节　明确中学音乐与思政课程深度融合的保障条件

在中学教育中，音乐课程和思政课程深度融合的重要性日益凸显，其能够提升学生的思想意识，丰富学生的精神世界，促进学生的全面发展。然而，实现这一目标并非易事，需依赖一套科学、严谨的评价机制。这就引出了教师的核心话题——明确思政视角下中学音乐课程评价的重要性、必要条件以及主要内容。这三个要素在音乐与思政课程深度融合的过程中起到了桥梁和纽带作用。通过它们，广大教师可以更好地理解和指导音乐与思政课程的融合进程，确保教学目标的实现，推动学生的全面发展。在接下来的讨论中，我们将深入分析这三个要素，以期为音乐与思政课程的深度融合提供明确、可行的保障条件。

一、要明确思政视角下中学音乐课程评价的重要性

在当前的教育环境下，音乐教育与思政教育的深度融合已经变得日益重要。为了有效地实现这种融合，我们必须从学生、教师和社会三个层面，深入理解和明确思政视角下中学音乐课程评价的重要性。这意味着我们需要全面考虑如何通过音乐课程评价来培养学生的全面发展，提高教师的教学质量，以及反映和促进社会的进步。这一理解和明确将对我们深度融合音乐与思政教育、提高教育质量和社会效果具有重大价值。

（一）明确思政视角下中学音乐课程评价对学生的重要性

理解思政视角下中学音乐课程评价的重要性，是为了更好地提升音乐教育的实效性和引导性。其中，它对学生影响显著，包括在增强思政意识、丰富思维方式、提高道德素质以及提升人文素养等多个层面。

1. 增强学生的思政意识

思政意识是学生对社会、政治、经济、历史等多方面理解和认知的内化，是一个人在社会中生存、发展和作出判断的重要依据。音乐教育与思政教育深度融合，使得音乐课程不仅成了艺术体验的平台，还成了思想教育的载体。音乐作为一种艺术语言，其背后蕴含的社会历史背景、创作理念、表达意图等，都与社会思想政治密切相关。借助音乐，可以让学生在接触、欣赏、分析各种音乐作品的过程中，自然而然地了解和接触到各种社会思想，从而深化对社会主义核心价值观的理解，提升对于社会现实、历史变迁的认知，以及对于个人在社会中角色和责任的思考。

2. 丰富学生的思维方式

音乐与思政的融合也为学生提供了丰富的思维方式。音乐是一种特殊的语言，它不同于文字语言的直接表达，而是通过音高、音色、节奏、旋律等音乐元素的有机组合，表达出丰富多彩的情感和意境。因此，音乐教育可以训练和锻炼学生的形象思维、抽象思维、直觉思维、审美思维等多种思维方式。而思政教育的引入，使得学生不仅能够从音乐艺术的角度欣赏和理解音乐，还可以从社会历史、人文道德、国家文化等多种角度进行思考和解读，进一步拓宽思维视野，提升思维深度。

3.提高学生的道德素质

道德素质是个体在社会生活中遵循的一种行为准则，是决定个体行为的重要因素。思政教育的核心就是对学生进行道德教育，培养他们的良好品行和道德情操。而音乐，作为一种精神食粮，是人们情感交流、精神寄托的重要媒介，同时也是传递和弘扬道德情操的重要方式。音乐课程与思政课程的深度融合，可以使学生在感受音乐魅力、提升艺术修养的同时，更深入地理解和接受社会主义核心价值观，提升道德素质。

4.提升学生的人文素养

人文素养是一个人对人类社会、历史、文化等方面的认识和理解，是衡量一个人综合素质的重要标准。音乐作品往往与其所处的社会背景、文化环境密切相关，是人类社会历史、文化的重要反映。因此，音乐教育具有很强的人文教育功能。在音乐教育中融入思政教育，可以让学生在欣赏音乐、理解音乐的同时，更深入地理解和感受到音乐作品所反映的社会历史、文化风貌，提升人文素养。

（二）明确思政视角下中学音乐课程评价对教师的重要性

音乐与思政教育的深度融合在中学教育中发挥着重要作用。为了有效地实现这一融合，我们必须高度明确思政视角下的中学音乐课程评价对教师的重要性。特别是，我们需要关注其如何拓宽教师的教学视野、增加教师的教学深度、提升教师的专业素养，以及为教师提供更多元的教学方法和策略。这些方面的探讨，将对我们如何更好地推进音乐与思政教育的深度融合，以及改善教师的教学效果和学生的学习体验提供重要的参考和指导。

1.拓宽教师的教学视野

教学视野的拓宽是任何一个优秀教师所追求的，这样才能为学生提供更多元的知识、更深刻的教学内容。音乐本身不仅仅是美的表达，更是人类情感、社会历史的反映。思政视角下的音乐课程评价，就像一个指南针，指导教师去发现音乐与社会价值、道德伦理的内在联系。这种内在联系既深化了音乐的内涵，又丰富了思政教育的内容。通过此种评价，教师能更好地引导

学生理解音乐，体验音乐，并通过音乐教育来传递社会主义核心价值观，这无疑是教学视野的重要拓宽。

2. 增强教师的教学深度

音乐作品常常蕴含着丰富的社会历史背景和道德伦理。从思政视角进行音乐课程评价，就是要求教师深入这些背景和伦理之中，寻找音乐与社会、音乐与道德之间的联系。这种联系可能是显性的，也可能是隐性的，需要教师用心去挖掘。通过对教师这方面的评价，可以促进教师深入挖掘音乐作品的内涵，引导学生从思政角度去理解和欣赏音乐，不仅可以增加教学深度，也能促使学生深入思考，增强他们的理解力和判断力。

3. 提升教师的专业素养

音乐教师需要具备丰富的音乐知识，同时也需要深入理解社会主义核心价值观。当这两者结合起来，就形成了具有深度的教学内容。对音乐和思政有深入理解和批判性思考的教师，能够将这两者有机结合，提高教学水平和质量。这种提升不仅表现在教学内容上，更表现在教师引导学生的能力上。通过思政视角下的音乐课程评价，教师能更好地引导学生理解音乐，理解社会，从而提升自己的专业素养。

4. 为教师提供更多元的教学方法和策略

音乐教学不仅仅是技巧和理论的传授，更应该是一种文化和思想的启迪。通过融入思政元素的音乐教学活动，教师可以在教学中寓教于乐，使学生在欣赏音乐的同时，理解音乐背后的社会背景和思政元素。这样的教学不仅可以激发学生的学习兴趣，提高学生的学习积极性，也可以使学生在音乐中体验到社会主义核心价值观的魅力。这样的评价过程和结果无疑为教师提供了一种新的更具有吸引力的教学方法和策略。

（三）明确思政视角下中学音乐课程评价对社会的重要性

在中学教育中，音乐与思政的融合是一项重要的课程任务。而想要顺利完成这一任务，我们就必须对思政视角下的中学音乐课程评价对社会的重要性有所理解和重视。特别是，我们需要理解它是如何帮助我们更好地理解学生的学习状况，如何充分反映出社会主义核心价值观的传播过程，以及如何客观地反映出教育的现实情况和未来的发展方向。这一理解对于推动音乐与思政教育的深度融合，以及提升我们教育工作的效果具有关键意义。

1. 通过该课程评价更好地理解学生的学习状况

课程评价不只是关注学生的音乐技能和知识掌握情况，更关注学生的思想品德、价值观念等个人发展领域。当学生通过音乐学习，理解和接受音乐作品背后的历史背景、人文精神和道德价值时，评价就会发现他们的思想和观念的提升和变化。如此，评价过程也变成了教育过程，而非单纯的考核过程。这种评价能让教育工作者和社会更好地理解学生的学习状况，对他们的个人成长进行有针对性的指导和帮助。

2. 通过该课程评价充分反映出学生社会主义核心价值观的传播过程

而通过思政视角下中学音乐课程的评价，社会主义核心价值观的传播过程能得到更为直观的反映。音乐作品中的积极内容和音乐教学过程中的思政引导，能帮助学生更好地理解和接受社会主义核心价值观。这种价值观在学生心中的落地生根，可以通过评价展现出来。评价过程中，教师对学生在音乐作品欣赏和创作中体现的价值观念进行反馈，也能间接地展现社会主义核心价值观在学生心中的影响和传播效果。

3. 通过该课程评价客观反映出教育的现实情况和未来的发展方向

教育改革是一个持续的过程，需要有针对性地了解和解决存在的问题。音乐课程评价，是对教育实践的一种反馈机制，通过它我们可以了解到课程设计、教学实施、教学效果等各个环节的具体情况，从而为教育改革提供参考和依据。同时，评价也可以揭示教育发展的趋势，比如思政教育和音乐教育的深度融合，以及更加注重学生全面发展的趋势，这些都是我国教育改革和发展的重要方向。所以，课程评价是对社会发展的重要反馈，对社会的健康发展有着积极影响。

二、要明确思政视角下课程评价的必要条件

在理解和实施课程评价时，需要明确思政视角下的必要条件，包括确定评价目标、制定评价原则和选定评价主体与方法。这三个条件在中学音乐课

程的思政视角下的评价中尤为关键。以下将逐一探讨这三个条件的内涵与重要性，并揭示其如何共同构成思政视角下课程评价的必要条件。

（一）明确思政视角下中学音乐课程评价的目标

在中学音乐与思政教育的交叉融合中，课程评价的目标明确性至关重要。思政视角下中学音乐课程评价不仅在教学时效性和针对性上具有重要影响，同时也对教学实践和学生学习活动产生深远的引导作用，并起到对教学过程的有效监督。接下来，将深入探讨这些方面，以期确立一个全面、深入的中学音乐课程评价目标，以更好地服务于音乐与思政课程的融合教学。

1. 明确思政视角下中学音乐课程评价在课程教学时效性和针对性中的作用

课程评价是一种反馈机制，其目标直接决定教学活动的时效性和针对性。如果明确思政视角下的音乐课程评价目标，就可以针对这些目标进行教学，使得教学活动更加聚焦和高效。例如，评价目标包括学生理解音乐在社会历史中的角色、从音乐中体验社会主义核心价值观，教师在教学中就可以更注重这些方面的内容，而学生也能明确自己的学习目标，提高学习效率。此外，音乐课程的评价可以针对学生的实际学习情况，调整教学策略，使教学更具时效性。

2. 明确思政视角下中学音乐课程评价在教学实践和学生学习活动中的引导作用

在将思政教育与音乐课程深度融合的过程中，明确思政视角下中学音乐课程评价目标，对于引导教学实践和学生学习活动的重要性不可小觑。教师能够根据评价结果，进行反思和审视，从而优化、完善教学方法和策略，使之更加贴近学生的实际需求和学习目标，更加契合教育理念和当前的教育环境。这样的调整和改进，有利于激发学生的学习兴趣，提高教学质量和改善教学效果。与此同时，学生也能够从明确的课程评价标准中，对学习目标有更深刻的认识，明确学习的方向和重点，制订合理、有效的学习计划。评价目标着重强调了批判性思维能力的重要性，在教学过程中，教师会更加注重引导学生开展批判性思考，培养学生独立思考、分析问题、解决问题的能力，同时，学生也会意识到批判性思维能力的重要性，主动去培养和提升这种能力，从而实现自我发展和自我提升。

3.明确思政视角下中学音乐课程评价在教学实践中的监督作用

课程评价目标的明确性，更有助于加强教学实践的监督。设定明确、可量化的评价目标，可以使教育部门和社会公众更清楚地了解教学质量和教学效果，从而进行有效的监督，以保障教育的公平性和质量。如果评价目标中明确包括了音乐课程对学生思政教育的影响，那么教育部门就能通过分析和解读课程评价结果，来了解和监控学校音乐教育实践的效果，进而可以提供具有针对性的指导建议，推动音乐教育与思政教育的深度融合，以实现教育目标和社会目标的统一。

（二）明确思政视角下中学音乐课程评价的原则

在思政视角下开展中学音乐课程评价，确立明确的评价原则是至关重要的一环。评价原则不仅为课程评价提供了重要的依据，同时也构成确定评价目标和内容的基础，更是保障课程评价公平性和准确性的关键因素。

1.明确评价原则是开展课程评价的重要依据

在深度融合思政教育与音乐教育的过程中，清晰且明确的课程评价原则无疑构成了评价实施的重要依据。它具有引导性质，不仅决定了评价的行为方式，更是对评价的科学性和有效性做出保障。在思政教育视角下，音乐课程评价的原则涵盖了学习的全面性、实践性、创新性以及其价值取向、目标导向等多个方面。这些都是为了确保评价工作能够准确无误地执行并达成预定的目标。原则的设定在评价行为中扮演着规范与引导的角色，帮助我们更好地理解并实现评价的目的。

2.明确评价原则是确定课程评价目标和内容的基础

课程评价的目标与内容受评价原则的直接影响，评价原则实质上为确定评价目标和内容提供了基础。例如，评价的原则强调培养学生的思政教育意识、社会责任以及历史文化认知等方面的能力，评价的重心会集中在这些领域。这种原则明确之后，可以促使教师运用科学有效的评价工具和手段，如课堂观察、学生自我评价、同伴评价等，全面、精准地反映学生的学习进度

和能力提升。通过设定具体的评价原则，我们可以更精确地探索和理解学生的学习状态，为他们提供更适合的教学环境。

3. 明确评价原则是确保课程评价保持公平性和准确性的关键

原则的设定将决定评价的标准和尺度，规范评价行为，从而保证所有的学生在相同的标准下进行评价。这种方式避免了因为主观因素而引起的对评价结果公正性的影响。例如，评价的原则强调公平性和准确性，评价工作将更加注重确保评价的对象，无论是教师还是学生，都能在公平公正的环境中接受评价。这样，评价的结果更有可能真实地反映出教学的质量和效果。

（三）明确思政视角下中学音乐课程评价的主体与方法

在思政视角下进行中学音乐课程评价，确立明确的评价主体和方法是极其关键的。课程评价主体的独特性，课程评价运行的具体步骤，以及提高课程评价效率的关键方式，这些因素都对评价的公正性和效果有深远影响。下文将对这些方面进行深入探讨，以期明确在思政视角下中学音乐课程评价的主体和方法。

1. 明确课程评价主体的独特性

音乐课程并非单纯的技艺传授，它同时承载了道德教育和社会责任的培养任务。在这样的教学活动中，教师、学生、学校领导以及社区等多个主体都扮演了重要角色。这些评价主体各自有着独特的角色定位和职责要求。例如，教师作为直接的教学实施者，既需要对学生的学习情况进行评价，也需要自我反思，以此不断提升教学质量。学生则需要自我评价，了解自己在学习过程中的优点与不足，找出改进的方向。学校领导需要对音乐课程进行宏观的评价，以便调整教学策略，优化教学环境。而社区作为教育的重要环境，其评价结果可以反映音乐教育对社区文化环境的影响，为进一步提升音乐教育质量提供参考。这些评价主体的明确，有助于整个音乐教学活动的高效运行。

2. 明确课程评价的方法是课程评价运行的具体步骤

评价方法的选择与设计对评价的科学性和有效性具有决定性影响。例如，教师在教学过程中可以采用观察法、访谈法等方式了解学生的学习情况；而学校领导则可以通过统计分析、比较研究等方法进行宏观评价。此外，社区的评价则可以通过调查问卷、深度访谈等方式进行。评价方法的设计需要考虑到具体评价的目标、评价主体的特性以及评价环境等因素，以确保评价方法的有效性和适用性。

3. 明确课程评价的方法是提高课程评价效率效果的关键

合理、科学的评价方法可以使评价过程更加系统、有序，有助于减少评价过程中的误差，提高评价的准确性。更重要的是，明确的评价方法可以促进教学反思，帮助教师、学生等评价主体发现教学过程中的问题，提供改进的方向和途径。例如，评价方法强调对学生批判性思考能力的评价，教师需要在教学中更加重视培养学生的这种能力，学生也需要在学习过程中更加注重这种能力的提升。这样，音乐教学与思政教育的融合才能得到有效推进，最终实现音乐教育的社会价值和教育价值。

三、要明确思政视角下课程评价的主要内容

在明确思政视角下的课程评价主要内容时，"高度明确课程评价的范围"和"高度明确课程评价的指标"两个要素具有决定性作用。这两者既是课程评价的核心内容，又是中学音乐与思政课程深度融合的重要保障条件。下文将详细探讨这两个要素如何在中学音乐与思政课程评价中发挥作用，从而明确课程评价的主要内容。

（一）高度明确课程评价的范围

在进行中学音乐课程评价时，高度明确课程评价的范围具有重要意义。明确的课程评价范围既能确保评价的针对性和有效性，又能保证评价的公正性，进而促进中学音乐课程的改进。在后续内容中，将深入剖析这三个方面的作用，揭示明确评价范围在音乐与思政课程深度融合中的重要地位。

1. 深刻认知明确课程评价范围能够确保课程评价的针对性和有效性

在思政视角下的中学音乐课程评价中，范围的明确是至关重要的。它可以确保课程评价的针对性和有效性。课程评价不仅仅关注学生的学业成绩，更需要涉及学生的德育成绩，对学生的全面发展进行评价。例如，在音乐课程中，评价的范围不应该只局限于学生的音乐技能和知识掌握程度，还需要

考察学生对于音乐的热爱程度，他们在音乐学习过程中的积极性和主动性，甚至音乐对他们思想情操的影响等。明确评价范围，可以让教师更好地了解学生的全面发展，提供更有针对性的教学，也可以让学生了解自我，明确目标，提升学习效率。

2. 深刻认知明确课程评价范围能够确保课程评价的公正性

在实施中学音乐课程评价时，明确评价范围对于保证课程评价的公正性起到了至关重要的作用。评价范围如果模糊不清，可能会出现评价偏颇的情况，这是由于教师可能会依据自己的偏好进行评价，偏重于自己熟悉或者偏爱的评价范围，而忽略其他同样重要的部分。这种情况下，学生可能会因为评价标准的不公正而受到不公平的待遇。因此，明确的评价范围是确保评价公正的必要条件，它可以防止评价过程中出现因为评价者的主观因素而产生的评价偏差。例如，在中学音乐课程中，一种常见的偏见可能是过度强调学生的演奏技能，而忽视他们的理论知识。这可能导致那些在音乐理论上表现优秀的学生在评价中得不到足够的认可。因为音乐不仅是技能，更是一种理论和情感的融合，过分偏重技术层面可能会剥夺学生在理论上的学习机会，这显然是不公正的。明确的评价范围能够确保每一个评价维度都被充分考虑，进而保证评价的公正性。

3. 深刻认知明确课程评价范围能够确保中学音乐课程的改进

中学音乐教学的目标是使学生全面发展，而教学改进的方向和力度，需要依据对学生全面发展状况的准确评价。如果课程评价范围设定得过于狭窄，例如仅限于评价学生的技术能力，就可能忽视了音乐教育的其他重要目标，如情感培养、审美提升等。音乐是一种能够深入人心、影响情感和审美的艺术形式。对于学生来说，音乐学习不仅仅是技术上的提升，更重要的是感受音乐带来的情感体验，提升自己的审美能力。因此，如果在课程评价时忽视了这些方面，就可能导致教学的单一化，忽视了音乐教学的全面性。因此，明确课程评价范围，有助于我们全面、准确地了解学生的学习状况，从而为音乐课程的改进提供准确的依据。这也是提高音乐教学效果、满足学生全面发展需求的重要措施。

（二）高度明确课程评价的指标

在课程评价过程中，高度明确评价的指标不仅可以指导我们制定评价标准，还能决定评价目标，保障评价公正性，并且能促进评价效果。这些角度凸显了明确评价指标在中学音乐与思政课程深度融合中的重要性。接下来，我们将更详细地探讨课程评价指标在这四个方面的具体作用，以便更深入地理解其价值。

1. 要高度明确课程评价指标对课程评价标准的引导性

在中学音乐课程教学活动中，明确课程评价指标对课程评价标准的引导性可以有效地提升评价的质量和公正性。准确的课程评价指标可以为教师提供一个明确的参考框架，使得教师能够更好地理解如何针对学生的各项能力进行评估。例如，一项评价指标要求学生展示他们在音乐理论知识方面的理解，或者他们需要展示他们在演奏乐器时的技巧。有了这些明确的评价指标，教师就能更好地理解在评估学生的音乐课程表现时应该关注的重点。而且，这种明确性也可以帮助避免评价结果受到个人偏好的影响，因此能更公正地评估学生的表现。

2. 要高度明确课程评价指标对课程评价目标的决定性

课程评价目标是评价活动的终极目标，是教师希望通过评价活动达到的教学效果。评价指标能够明确地描绘出达到评价目标的状态，它们为教师提供了一个明确的方向。明确了评价的具体内容和标准，可以使教师更有针对性地进行教学活动，有助于改善教学效果。例如，在音乐课程中，如果评价目标是提升学生的创新能力，那么评价指标则可能包括学生能否独立创作音乐、能否独立进行音乐改编等。这样的评价指标不仅明确了评价的目标，也有助于教师在教学过程中更加注重培养学生的创新能力。

3. 要高度明确课程评价指标对课程评价公正性的保障作用

公正性在课程评价中的重要性无法被过分强调。如果没有公正的评价，学生可能会因为不公平的待遇而感到挫败，同时，教育公平的原则也会被破坏。因此，高度明确的课程评价指标对课程评价公正性具有显著的保障作用。具体的评价指标为评价过程设定了明确的标准，使所有参与者清晰地理解什么是期望的优秀表现，什么是令人满意的表现，进而形成一个公平、公正的评价环境。例如，中学音乐课程中的评价指标可能包括对音乐理论知识的理解，音乐作品的欣赏与分析，以及实际演奏技巧的掌握。每一个指标都代表了音乐学习的重要部分，评价者需要确保在评价过程中，各个指标都得到了充分、公正的考虑。当教师对每一个学生按照同样的标准进行评价时，评价的公正性就得到了保证。这样，评价就不再是教师主观判断的结果，而是依据明确的指标进行的，既体现了对每位学生公平对待的原则，也符合教育评价的客观性原则。

4.要高度明确课程评价指标对课程评价效果的促进作用

中学课程评价的目的不仅仅是为了得出一个结果或者给出一个分数，更重要的是要明确学生在学习过程中的进步和需要改进的地方，这样才能更好地指导教学，提升教学质量。音乐课程评价中，评价指标可以让教师清晰地知道学生在音乐理论知识和演奏技巧等方面的表现如何，这样就能更有针对性地指导学生，改进教学效果。例如，学生在音乐理论知识方面表现优秀，但在演奏技巧方面有所欠缺，教师根据这一评价结果，针对学生的演奏技巧进行更多的指导和训练。因此，明确的评价指标能让评价更具针对性，更能准确反映学生的实际表现，进而提升评价的效果。明确的课程评价指标不仅有助于教师理解学生的学习情况，而且也能帮助学生明白他们在学习过程中做得好的地方和需要改进的地方，从而激发他们对学习的热情，改善他们的学习效果。

第六章　中学音乐与思政课程深度融合的路径研究

在教育领域，中学音乐与思政课程的深度融合是一项创新性的课题。如何在课堂教学中发掘音乐课程的思政元素，放大音乐的思想价值引导功能，以及如何利用红色资源和多种教育载体来实现这一融合，都是待解的问题。其中，如何依托思政维度来建立并完善中学音乐课程评价体系，更是一项重要的任务。

第一节　持续深挖中学音乐课程的思政元素

中学音乐课程，如同一幅深情厚意的画卷，寓教于乐，灌输情感，更富含了丰富的思政元素。以立德树人为核心，音乐教育承载了培育学生健全人格的重大使命；通过深入挖掘家国情怀，音乐成为联结家国、个人与社会的精神纽带；秉持中华优秀传统文化，让音乐课堂沉淀历史的智慧，释放传统的魅力；将社会主义核心价值观融入音乐教学中，更是体现了音乐教育的时代性和先进性。在这四个维度中，音乐不仅仅是艺术，更是教育的重要手段，对于熏陶学生的情感，塑造学生的人格，有着不可替代的作用。具体实践操作流程如图6-1所示。

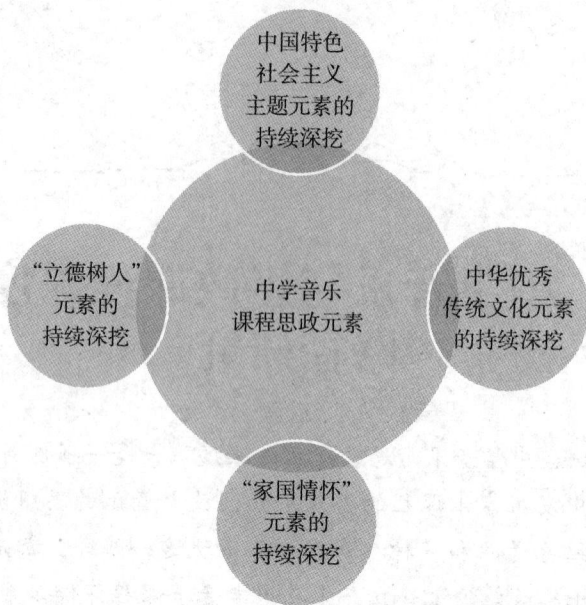

图 6-1　中学音乐课程思政元素持续挖掘的实践操作

一、"立德树人"元素的持续深挖

在中学音乐教育中，教师需要有意识地引导学生在乐章中探寻、理解并实践"立德树人"的元素。为此，需要通过一个持续的过程，以深度挖掘这一元素，使其在音乐学习中发挥积极的作用。这个过程包括识别"立德树人"的元素，解读这些元素，将其活用在教学活动中，并最后收集学生的反馈，以更好地调整教学策略。

（一）识别"立德树人"元素

音乐作品不仅是艺术的结晶，更是道德价值的重要载体。在选择音乐作品时，教师应尽量选择那些蕴含了友爱、自尊、仁爱、诚实等道德元素的作品。例如，战争题材的音乐作品通常都富含国家主义和爱国情怀，对于帮助学生树立良好的社会主义道德观有着重要的作用。因此，对于教师而言，识别这些元素并将其有机地融入教学过程是非常重要的。

在对"立德树人"元素进行识别时，教师可以借助教育资源平台，或者参考国内外的优秀音乐教材。这些平台和教材中通常都已经标注了音乐作品的主题、风格、创作背景等信息，可以帮助教师更快更准确地识别包含"立德树人"元素的音乐作品。另外，教师也可以与同行交流经验，一起发掘和分享包含道德教育元素的音乐作品。

（二）解读"立德树人"元素

对于教师而言，需要以一种既严谨又生动的方式，引导学生深入理解和接受作品中所蕴含的道德价值。例如，在教学抗战音乐时，教师可以指导学生深入理解作品背后的历史背景，让他们体会到当时的人们是如何通过音乐来表达对国家和人民的深深关怀和坚韧不拔的抗战精神。

解读"立德树人"元素时，可以利用课堂时间进行音乐欣赏活动，由教师引导学生听音乐，然后鼓励他们发表自己的感想。通过这种方式，学生可以从感性的角度去理解音乐作品中的道德元素，而教师则可以在此基础上进行深度的引导和解读。

（三）活用"立德树人"元素

在理解和接受了"立德树人"元素后，下一步就是如何将其活用在教学和实践中。音乐课堂并不仅仅是传递知识的场所，更重要的是，它还是塑造学生人格、培养他们情感的重要空间。因此，教师需要设计一些富有创意的实践活动，让学生在这些活动中更深入地理解和实践"立德树人"的原则。如组织学生创作音乐作品，让他们用自己的方式表达对社会主义核心价值观的理解和认同。

对于活用"立德树人"元素，可以组织一些具体的活动，比如开展音乐作品创作比赛，主题就设定为"反映社会主义核心价值观的音乐"。这样的比赛可以鼓励学生主动思考，如何通过音乐来表达他们对社会主义核心价值观的理解。比赛结束后，可以让学生展示他们的作品，并对其中包含的"立德树人"元素进行分享和讨论。

（四）反馈"立德树人"元素

在完成上述工作之后，通过收集和分析学生的反馈，教师可以及时了解

到学生对"立德树人"元素理解的深浅，并据此进行必要的指导和调整。例如，教师可以通过听学生分析音乐作品，观察他们如何讨论和创作音乐，从而了解他们对"立德树人"元素的理解程度。

对于反馈"立德树人"元素，教师可以设计一些评价机制，例如，让学生自我评价，或者同伴互评，还可以邀请其他老师或家长一起评价。这些反馈不仅可以帮助教师了解学生对"立德树人"元素的理解程度，也有助于调整教学策略和方法。

在上述过程中，需要注意的是，教师不仅要注重培养学生的道德情操，还要关注他们的音乐素养，两者需要齐头并进。只有在音乐素养的提高和道德情操的培养同时进行的情况下，中学音乐课程才能真正实现"立德树人"的教育目标。

二、"家国情怀"元素的持续深挖

在中学音乐教育中，"家国情怀"的元素无疑是一个重要的资源。其中，不仅蕴含着丰富的音乐素材，更是一种难得的道德教育资源。其实质是对国家和民族的热爱以及对家庭和个人的责任，具有深厚的情感基础和广阔的教育视野。这种情感的萌发和成长，需要在音乐教育的过程中不断被引导和激发。为了能够更有效地发掘和利用这一资源，以下四个步骤尤其重要。

（一）敏锐察觉"家国情怀"元素

察觉"家国情怀"元素的过程，在很大程度上，依赖于教师对音乐教材和教学曲目的敏感度。教师在选择音乐教学作品时，应具有高度的洞察力，能够快速识别出那些含有家国情怀元素的作品。如何找到这些音乐作品，需要教师具备丰富的音乐知识、敏锐的审美观察力以及深厚的爱国情怀。例如，有一首被广大人民熟知的歌曲《敢问路在何方》，它通过歌唱家国情怀，抒发对未来的憧憬和对过去的回忆，非常适合作为教学曲目。在挑选这样的作品时，教师不仅要考虑到作品的艺术性，也要考虑到作品所蕴含的思政教育价值。

（二）深度解读"家国情怀"元素

解读"家国情怀"元素的步骤，需要教师运用自己的专业知识，引导学生深度理解作品中的家国情怀元素。这个过程中，教师可以通过分析作品的创作背景、作曲家的生平事迹，以及作品的音乐语言等，帮助学生更深入地理解作品中所蕴含的家国情怀。例如，在讲解《敢问路在何方》这首歌曲时，教师可以向学生解释该曲的创作背景和作曲家的意图，帮助他们理解这首歌曲所表达的深深的家国情怀。此外，教师还需要指导学生挖掘歌曲中的音乐元素，如旋律、和声、节奏等，如何与家国情怀相结合，形成富有感染力的音乐表达。

（三）创新活用"家国情怀"元素

活用家国情怀元素这一环节，教师的创新能力和组织能力更是关键。例如，教师可以设置一个"家国情怀"主题的音乐周，邀请学生参与各类与家国情怀相关的音乐活动。在这样的活动中，学生不仅可以通过音乐创作、合唱表演，甚至是音乐剧的制作和演出，更为直观、深入地理解家国情怀，而且这种自我实践和自我表达的过程，也有助于提升他们的音乐素养和艺术创新能力。此外，教师还可以邀请优秀的音乐家进行分享，通过他们的音乐人生，让学生从中领悟家国情怀，深化对音乐作品中"家国情怀"元素的理解。这样的教学活动，让家国情怀元素从歌本、教材中跳脱出来，转化为学生生动、有感的音乐实践体验，从而进一步增强对家国情怀的理解和热爱。

（四）及时反馈"家国情怀"元素

为了确保"家国情怀"元素的持续深挖，教师需要对学生的学习进行及时的反馈。这种反馈可以是定性的，也可以是定量的。例如，教师可以组织学生进行音乐作品的分析和讨论，让他们分享自己对音乐作品中家国情怀的理解和感受；也可以通过学生的音乐创作或表演活动，来评估他们对家国情怀的理解和表达能力。总的来说，无论是察觉、解读、活用还是反馈"家国情怀"元素，都需要教师具有高度的敬业精神和专业素养，这样才能更好地将这一元素融入中学音乐教育中，为学生的道德教育做出积极的贡献。

三、中华优秀传统文化元素的持续深挖

在中学音乐课堂教学中，深挖中华优秀传统文化元素是一项重要的任务。这不仅是音乐教育的需要，也是文化传承的需要。通过在音乐教学中融入中华优秀传统文化元素，可以让学生在欣赏美妙音乐的同时，理解并接纳中华优秀传统文化，进一步塑造良好的思想品格和审美情趣。为了实现这个目标，教师需要通过精心设计的教学内容和方式，对中华优秀传统文化元素进行持续深挖。

（一）对中华优秀传统文化元素的识别

广大中学音乐教师在识别中华优秀传统文化元素的过程中，教师应具备敏锐的观察力和理解力。这种观察力和理解力不仅体现在对音乐作品中传统文化元素的敏锐把握上，更体现在教材的选择和利用上。在音乐教材的挑选上，教师应着重考虑那些蕴含中华优秀传统文化元素的音乐作品，如古代诗词歌赋、京剧唱腔等，以及一些反映中国传统文化精神的现代音乐作品。例如《渔舟唱晚》《平湖秋月》等，它们不仅是美的音乐形象，更是中华优秀传统文化的重要载体。此外，教师还可以引入一些深度融入了传统文化元素的现代音乐作品，如以古诗词为歌词的流行歌曲，抑或是结合了中国传统乐器演奏的交响乐作品，这样可以让学生感受到中华优秀传统文化在现代音乐中的生动实践和创新发展。

（二）对中华传统文化元素的深层次解读

对于中华优秀传统文化元素的解读，教师需要深入、细致。教师可以从作品的创作背景、主题内容、音乐特点等角度，对其进行深入的解读和分析。以《渔舟唱晚》为例，教师可以从古人的生活场景、江南水乡的自然景色、渔民的生活习俗等方面入手，引导学生深入理解这一首乐曲背后所蕴含的中华优秀传统文化元素。同时，教师还可以对比不同音乐作品中的传统文化元素，如《渔舟唱晚》和《平湖秋月》中所反映的江南水乡文化和中华优秀传统文化的共性和个性，从而引导学生更全面、更深入地理解和感知中华优秀传统文化。

（三）对中华优秀传统文化元素的灵活运用

在灵活运用中华优秀传统文化元素的过程中，需要教师富有创新的教学方法和策略。教师可以设计一些音乐创作、表演、评比等活动，引导学生将他们对中华优秀传统文化的理解和认同，融入音乐实践中。例如，教师可以组织学生创作以中华优秀传统文化为主题的歌曲，或者组织学生以中国传统乐器演奏西洋乐曲，让学生在实践中深入体验和理解中华优秀传统文化的魅力。还可以利用网络技术和多媒体技术，组织学生进行远程音乐会、在线音乐比赛等活动，让学生在更广泛、更深入的交流和分享中，进一步体验和理解中华优秀传统文化。

（四）注重学生课堂学习中的反馈

关于学生的反馈环节，是教学过程中必不可少的一环。教师应通过反馈，及时了解和调整学生对中华优秀传统文化元素的理解程度。这种反馈可以是学生的音乐作品展示、音乐创作反馈、课堂讨论等。例如，教师可以组织学生进行音乐作品的展示和分享，或者通过在线平台，让学生进行对音乐作品的评价和评论，从而了解学生对中华优秀传统文化元素的理解和感受。此外，教师还可以利用课堂讨论、小组合作等方式，引导学生积极参与到中华优秀传统文化的探讨和交流中，从而进一步深化对中华优秀传统文化的理解和认同。

四、中国特色社会主义主题元素的持续深挖

在中学音乐教学中，持续深挖中国特色社会主义主题元素是至关重要的一环，它有助于学生建立正确的世界观、人生观和价值观。为了实现这一目标，教师在教学过程中需要有意识地将中国特色社会主义主题元素融入音乐教学中，让学生在音乐学习的过程中，深入理解和认同中国特色社会主义。

（一）中国特色社会主义主题元素的识别

中学音乐教学中对中国特色社会主义主题元素的识别，是一个需要教师在教学过程中展现高度的敏感度和理解能力的过程。在这个过程中，教师需要挑选音乐教材时，需要在众多音乐作品中寻找那些蕴含中国特色社会主义

主题元素的作品。例如《红星照我去战斗》《我的中国心》等歌曲，这些作品既有美的音乐形象，又具备深刻的思政内涵，都是教师可以引导学生深入理解和学习中国特色社会主义理论体系的优秀教材。在教学过程中，教师需通过学生的反应和行为，了解他们在接触这些音乐作品时，是否真正理解并认同其中所包含的中国特色社会主义主题元素，从而确保教学效果。

（二）中国特色社会主义主题元素的解读

当教师谈到解读中国特色社会主义元素时，这是一个需要教师在教学过程中进行深入分析和解释的过程。教师可以从音乐作品的创作背景、作品主题、歌词内容等多个角度，对作品中的中国特色社会主义主题元素进行深入解读，使学生能够更深入地理解中国特色社会主义的理论体系。以《红星照我去战斗》这首歌曲为例，教师可以详细讲解这首歌曲的创作背景和电影故事，让学生深入理解中国人民所展现出的坚定的信念和决心，进而引导他们认识到为实现社会主义理想所必需的坚定信念和不懈努力。

（三）中国特色社会主义主题元素的活用

在中学音乐教学中活用中国特色社会主义主题元素，需要教师采用创新的教学方法，让学生在实践中深入理解和体验中国特色社会主义。教师可以设计音乐创作、表演、评比等活动，通过这些活动，让学生在实践中将自己对中国特色社会主义的理解和认同，融入音乐实践中。

（四）该元素的教学活动应用效果反馈

具体操作在于，教师可借由举办各类音乐作品的展示活动、同学之间的交流讨论等形式，让学生充分表达他们对中国特色社会主义的理解和认同。

这个过程中，教师可以透过学生的反馈，对学生、对中国特色社会主义主题元素的理解程度进行细致观察，及时发现并调整教学内容，使之更贴近学生的认知需求，进一步提高教学质量。同时，学生们在展示、交流、讨论的过程中，可以了解到其他同学对主题元素的理解，有机会借鉴他人的见解，吸取对自己有益的思考方法和观点，从而进一步提升对中国特色社会主义理论体系的理解和认同。

第二节 结合多样化音乐资源不断放大音乐课程思想价值引导功能

音乐教学的核心不仅是音符的舞动，还在于思想价值的引导。面对如火如荼的音乐教学研究，我们逐渐发现，音乐教材、真实案例、影视资源、图片资源以及课件，这些丰富的音乐资源正逐步放大音乐课程中的思想价值引导功能。它们承载了音乐的思想深度，是教学活动中不可或缺的元素，每一种资源都有其特有的教学功能和魅力。在研究其思想价值引导功能的过程中，要围绕诸多方面进行详细分析。具体如图 6-2 所示。

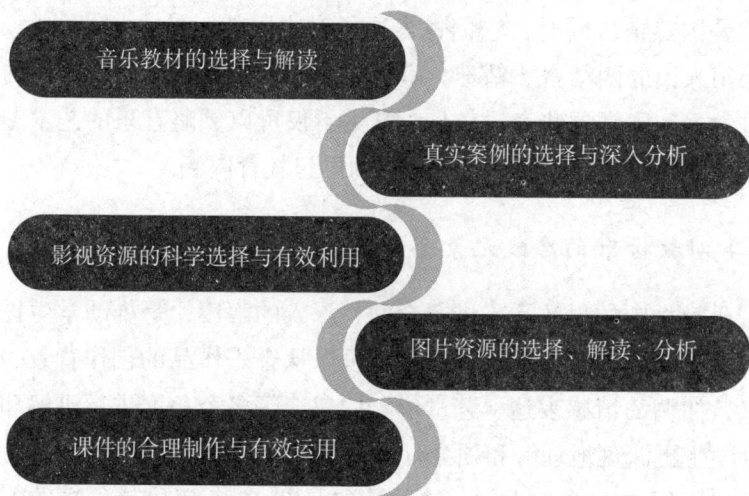

音乐教材的选择与解读

真实案例的选择与深入分析

影视资源的科学选择与有效利用

图片资源的选择、解读、分析

课件的合理制作与有效运用

图 6-2 音乐资源在中学音乐课程中思想价值引导功能的体现

一、音乐教材对音乐课程思想价值引导功能的不断放大

音乐，作为精神的艺术，其深远影响力无疑透露出它在思政教育中的巨大潜力。进一步发掘和放大音乐教材在思想价值引导上的功能，需要我们以科学的视角审视教材选择的过程，以深入的洞察力揭示教材中的思政元素，以不断挖掘的研究方法对教材中的思政元素进行深化阐释。这三方面的结合，将使音乐教材成为一种强大的教育工具，帮助我们将音乐课程的思想价

值引导功能推向更高的层次。

（一）教材的科学选择

对于音乐教育来说，教材的选择是首要之事，它直接决定了学生所接触的音乐作品种类和音乐文化背景。选择富含思政元素的音乐教材，具有特别重要的意义。这些音乐作品可以构建一个具体、生动的社会主义现象场，有力地帮助学生理解和认同中国特色社会主义，进一步培养其深厚的爱国主义情怀和社会责任感。

如《赞美中国》《义勇军进行曲》等歌曲，就是具有丰富思政内涵的教学素材。这些歌曲中蕴含的激昂情感，通过音乐的艺术形式，能够极大地激发学生的爱国热情。同时，它们也表达了对中国特色社会主义的坚定信念，体现了中国人民的团结奋斗精神，呈现了我们国家在各个历史时期的社会风貌。通过学习和欣赏这些音乐作品，学生不仅可以领略音乐的艺术魅力，更能深入体验和理解到作品所传递的深厚的思想教育内涵。

（二）对教材中的思政元素全面解读

对音乐教材中的思政元素进行全面、深入的解读，是推动学生提升思政素养的一种重要方式。这一过程，教师可以从音乐作品的创作背景、歌词的内在含义、曲调的情感表达、艺术形象的塑造等多个角度进行讲解和深入剖析，帮助学生更深刻地理解和领会音乐中的思政元素。

以《义勇军进行曲》为例，这首歌曲是在 1935 年民族危亡的关头诞生的，对激励中国人民的爱国主义精神起了巨大作用。教师可以从这个历史背景出发，详细讲解当时的历史环境和中国人民对帝国主义侵略的强烈愤恨和反抗精神，帮助学生理解这首歌曲背后所体现的中华民族在外侮面前勇敢、坚强、团结一心不断抗争的英雄气概。

（三）对教材中的思政元素不断予以深入挖掘

音乐教师在教学过程中，应深度解读音乐教材，同时，更要指导和鼓励学生将自身对中国特色社会主义的理解和认同，以及对中华优秀传统文化的尊重和热爱，通过音乐表演、音乐创作等活动，具体表现和实践出来。

音乐教材不仅是音乐知识的载体，也是思政教育的重要园地。教师在教学过程中，可以引导学生深入挖掘音乐作品中的思政元素。例如，通过学习并演唱《我和我的祖国》，学生不仅可以感受到音乐的美，更能理解和体验到作品所蕴含的深厚的爱国主义情感。

音乐表演和音乐创作是音乐教学的重要组成部分。在这两个环节中，教师可以引导学生将对中国特色社会主义的理解和认同，融入他们的音乐实践中。例如，在音乐表演中，学生可以通过对《歌唱祖国》的热情演唱，将自己对祖国的热爱表现得淋漓尽致；在音乐创作中，学生可以根据自己对中国特色社会主义的理解，创作出具有独特风格和思政内涵的音乐作品。

通过这种方式，学生不仅能够提高自身的音乐技能，更重要的是，他们可以在音乐实践中深入理解和体验到音乐教材中的思政元素。这无疑会对他们的思政素养提升起到积极的推动作用，从而使音乐教学的思政价值引导功能得到有效放大。

二、真实的案例对音乐课程思想价值引导功能的不断放大

案例，作为展现现象本质的有力工具，是我们对音乐课程思想价值进行引导的有效途径。通过深入剖析案例创作的背景，我们可以理解音乐作品的社会、历史脉络，由此洞察其所富含的思政元素。同时，利用真实的案例，无疑能将理论与实际紧密结合，让音乐的教育价值得以实际体现。这三方面的综合运用，将有力推动真实案例在音乐课程思想价值引导功能上的不断放大，使其发挥出深远的教育影响力。

（一）深入分析案例创作的背景

在音乐教育中，音乐作品的创作背景往往富含丰富的思政元素，可以帮助学生更深入地理解音乐作品本身的内涵以及音乐作品所承载的思政意义。

例如，当教师引导学生从历史背景和音乐创作的角度深入分析《义勇军进行曲》时，学生不仅可以欣赏音乐，同时也可以深刻理解到音乐作品是如何承载和传达深厚的思政元素的。这样，音乐作品就不再只是一件艺术品，它变成了一个生动的历史见证，一个深入人心的思政教育工具。

（二）明确真实案例中所富含的思政元素

真实的案例中蕴藏的思政元素具有深远的教育意义，可以作为教师传递思政教育理念的有力工具。案例中的思政元素，就像磁石一样，吸引学生深入探讨，从而使其理解并接受其中的思政教育信息。邓紫棋的《平凡之路》就是一个典型的例子。这首歌的歌词和旋律描绘了一个普通人面对挑战，凭借着毅力和决心，最终达成自我价值的历程。

学生通过欣赏这首歌曲，不仅能够感受到音乐的美妙，更能够体验到那种艰苦奋斗、永不放弃的精神。歌词中的泪水和汗水，无疑体现了奋斗者的坚持和勇气。这正是社会主义核心价值观中"敬业"的具体展现。它告诉学生，无论面对多大的困难和挑战，都要有信心和勇气去面对，永不放弃，只有这样，才能实现自我价值，达到人生的高峰。

对此，教师可以引导学生深入分析歌词的含义，理解歌曲所表达的敬业精神。同时，教师还可以让学生思考自己的人生路，从而使他们了解到，在将来的工作中，应该怎样去实践"敬业"的精神，怎样去追求自我价值。这样，学生不仅可以通过音乐作品欣赏到艺术的美，更能体验到思政教育的深度和广度，从而在思想意识上得到提升。

（三）有效利用真实的案例

有效地运用真实案例，无疑可以有效地增强音乐课程中思政价值的引导功能。选择一些富含思政元素的音乐作品，比如《平凡之路》等，对这些作品进行全方位的探究和分析，无疑可以使学生对思政教育内容有更深入的理解。

例如，教师可以组织学生从音乐创作的过程、歌词的含义、音乐风格等多个维度进行讨论和分析。在这个过程中，学生不仅可以了解到音乐作品的艺术价值，更重要的是，他们可以深入理解作品中所蕴含的思政元素，这对于培养他们的思政素养具有重要的意义。

同时，教师可以设计一些与音乐作品相关的实践活动，使学生有机会从实践中深入体验和理解音乐教材中的思政元素。例如，教师可以让学生尝试重新创作歌词，表达他们对社会主义核心价值观的个人理解和认同。或者，教师还可以让学生围绕歌曲的主题进行角色扮演等活动，从而使他们有更多机会从不同角度理解和体验作品中的思政元素。

这样的教学方法，既能提高学生的音乐技能，也能使他们在实践中对音乐教材中的思政元素有更深入的理解和体验。这对于深化音乐课程中思政教育的功能，以及提升学生的思政素养，都具有重要的价值。这就是有效利用真实案例在音乐教育中的价值所在，通过案例分析，让学生在对音乐的享受中，深化思政教育的内涵，提升个人素养。

三、影视资源对音乐课程思想价值引导功能的不断放大

影视资源以其丰富多元的表现形式，对音乐课程思想价值的引导功能发挥着越来越重要的作用。中学生通过观赏音乐电影或纪录片，亲身体验音乐人的精神和素养，更深入地理解思政教育内容，从而在情感上产生共鸣，理智上加深对中国特色社会主义的认同。这种丰富的感知方式，既赋予音乐教学新的活力，又在无形中深化了思政教育的深度和广度，助推影视资源在音乐课程中的思想价值引导功能不断放大。

（一）体验音乐人的精神与素养

当探讨音乐人的精神与素养时，借助音乐电影和纪录片等影视资源，能够更形象、更生动地展示音乐人对音乐梦想的执着追求、在追梦路上的稳健步伐以及坚韧不拔的精神。

通过引入这样的音乐影视资源，不仅可以提供给学生直观的音乐学习素材，更能在潜移默化之中让学生体验到坚守音乐梦想所需要的精神力量，从而启发他们对未来路途的规划和目标的设立。同时，这也能有效地引导学生在面对生活中的困难和挑战时，能积极地迎接挑战，坚定地走自己的道路，从而在追求自己的梦想过程中塑造正确的价值观。

（二）深入理解思政教育内容

利用影视资源，如音乐电影和纪录片等，可以使音乐教育与思政教育巧妙融合，让学生在欣赏音乐的同时，深入洞察和体验社会主义核心价值观。例如：在一些音乐电影中，音乐人往往展示出无畏艰难、锐意进取的精神面貌，这与社会主义核心价值观中表现出来的思想有着深刻的契合。

以徐克导演的电影《梁祝》为例，影片中的主角凭借自己的才华和毅力，

从流行歌手成长为享誉全国的音乐人，他们在音乐路上的艰难困苦，他们对梦想的坚持，以及他们对艺术的专注和热爱，都深深地体现了"奋斗"和"担当"的精神。这样的影视作品，既有深厚的艺术性，又有强烈的思政性，使得学生在欣赏和理解艺术作品的过程中，也能感知并理解社会主义核心价值观。

影视资源的引入不仅可以提供丰富的教学素材，也能以更加贴近生活、贴近实际的方式，引导学生去理解和感受社会主义核心价值观。例如，学生在看到音乐人面对困难仍然坚韧不拔、持续奋斗的情景时，他们也会更深入地理解"奋斗"和"担当"的真正含义。同时，这些影视资源也可以激发学生对社会主义核心价值观的兴趣和热情，从而促进他们在实际生活中更好地实践社会主义核心价值观。

（三）激发中学生对中国特色社会主义的认同

经典红色影视剧中的先进典型人物形象和他们的奋斗故事，往往浸润着社会主义核心价值观，以他们积极拼搏，无畏困难，充分展示了"自强不息，勇往直前"的精神风貌。

他们的精神风貌富有感染力，观看的学生可以从中看到自我提升和持续奋斗的力量，能够理解到中国特色社会主义的实质和内涵。从而产生共鸣，引导他们对中国特色社会主义产生深刻的认同和热爱。

这一观点的论述充分说明影视资源的引入，让学生在欣赏和学习音乐的同时，也能在潜移默化中感受到中国特色社会主义的魅力，进一步增强他们对中国特色社会主义的理解和认同。

四、图片资源对音乐课程思想价值引导功能的不断放大

图片资源，作为一种无声的艺术，以其独特的方式，对音乐课程的思想价值引导功能发挥着重大的作用。它们承载着音乐文化的历史深度，展示了音乐人物的精神风貌，呈现出音乐场景的情感丰富性，同时也培育着学生的民族自豪感和爱国主义精神。透过图片的直观展示，我们得以感受到音乐的历史痕迹，理解音乐人物的精神内涵，欣赏音乐场景的美丽，挖掘音乐文化的思政价值，从而加强图片资源在音乐课程中的思想引导功能。

（一）体现图片资源富含音乐文化的历史深度

将古代乐器的图片资源融入教学中，教师可以更形象、更生动地向学生展示中国传统音乐文化的悠久历史和丰富内涵。例如，古琴作为"琴棋书画"四艺中的重要一环，是中国传统文化的重要承载物。其独特的形制、精细的制作工艺以及独特的演奏技巧，都是中华民族卓越的艺术才华和独特审美观的体现。当学生们看到古琴的图片，他们不仅能感受到古琴的形态美，也能从中了解到古琴的文化底蕴和精神内涵。

二胡、笛子等传统乐器的图片，从不同的视角展现了中国传统音乐的多元化特性。二胡的音色悠扬，仿佛在诉说着古老的故事，而笛子的音色清脆，又带有一种自然的韵味。这些乐器的图片不仅让学生看到了乐器的外观，也让他们能够在心中想象出乐器的音色，从而感受到乐器的韵味。

通过这些直观的视觉呈现，学生不仅能更深入地理解中国传统音乐文化的丰富性和多元性，更能在这个过程中感受到中华优秀传统音乐文化的独特魅力和深厚底蕴。而这一切，都源自于图片资源的有效利用，这让音乐教学活动变得更加生动，也更具吸引力。

（二）充分发挥图片资源中音乐人物的精神影响

在教学过程中，音乐家的生平事迹和创作过程的图片资源扮演了重要角色。这些图片资源带着丰富的信息，让学生能够更深入地了解音乐人的生活和创作背景，从而直观地看到音乐人追求梦想、不屈不挠的精神风貌。

以贝多芬为例，他是音乐史上的一位重要人物，他在听力衰退甚至全失之后，仍然坚持音乐创作，完成了许多深受全世界喜爱的音乐作品。贝多芬坚韧不拔的精神在他的音乐中得到体现，并深深感染着每一个观看和聆听他作品的人。当教师在课堂上展示贝多芬的生活照片，或者他创作音乐的场景，学生们就能更直观地理解这位伟大音乐家的生活历程和音乐创作的决心。

这样的图片资源不仅仅向学生展示了音乐人的坚韧不拔，更是向他们传递了一个重要的信息：即便面对重重困难，也要坚持追求自己的梦想，保持积极向上的态度。这些图片资源中蕴含的精神力量，是音乐教育中最珍贵的教育资源，它们在激励学生追求音乐梦想的同时，也帮助他们塑造积极、坚韧的人生态度。

（三）突出图片资源音乐场景的情感寄托

音乐教学中，图片资源的利用是极其重要的，尤其是那些描绘丰富多彩音乐场景的图片，比如音乐会的现场照片、乐队进行演奏的画面，甚至是民间音乐活动的实况图像。这些图片的运用，为学生呈现出音乐的多样性和魅力，让学生能够从多角度、多层面去感受音乐的丰富情感和多元文化。

例如，当教师在课堂上展示大型交响乐团的演奏图片时，学生可以看到音乐家们在舞台上严谨的装扮，他们专注演奏的面孔，以及他们协同演奏、齐心协力的美好画面。这样的图片不仅让学生领略到音乐的艺术美，同时也使他们深刻地感受到团队协作的力量和重要性，从而理解到在音乐创作和演奏中，每一个人都是重要的。

而在展示民间音乐活动的图片时，学生可以看到音乐并非高高在上，而是深入人心，融入生活。这些图片通常描绘的是在街头巷尾，或是乡村田间，人们自娱自乐，或者聚集在一起欢歌曼舞的场景。通过这些图片，学生会理解到音乐的生活化和大众化，会认识到音乐不仅是艺术的体现，更是生活的一部分。这种认识，无疑将增强他们对音乐的感知，提升他们的音乐体验和音乐欣赏能力。

（四）增加图片资源对民族自豪感和爱国主义精神的培育作用

对于展示中国传统音乐文化和音乐历史的图片，它们具有重要的价值。教师可以通过展示这些图片，引导学生深入地理解中国音乐的丰富内涵和独特价值，进一步激发他们的民族自豪感和爱国主义精神。

例如，唐朝乐舞的壁画是中国古代文化艺术的瑰宝，它反映出唐朝音乐舞蹈艺术的繁荣，也体现了中华民族在音乐舞蹈艺术方面的卓越才华和深厚底蕴。当教师在课堂上展示这样的壁画图片时，学生可以直观地感受到中华音乐文化的繁荣景象，同时也能更深入地了解和热爱本国的音乐文化。

再如，宋代宫廷音乐的插画是中国传统音乐文化的一部分，它描绘了宋朝时期的音乐生活和宫廷文化，展现了中华音乐文化的灿烂与丰富。这样的图片，不仅可以帮助学生理解中国古代宫廷音乐的演变和发展，还可以引发他们对中国古代音乐文化的好奇和研究兴趣，进一步增强他们的民族自豪感。

通过这些图片的展示，教师还可以引导学生认识到音乐文化是国家文化的重要组成部分，它在历史的长河中承载着中华民族的历史记忆，是民族精神和民族文化的重要载体。学生对本国音乐文化的理解和热爱，也会进一步转化为对国家的热爱，对社会主义核心价值观的认同，从而在他们的心中种下爱国主义的种子。

五、课件对音乐课程思想价值引导功能的不断放大

作为富有现代化色彩的教学用具，课件对音乐课程思想价值引导功能的放大贡献了极大的力量。它以图文并茂的形式提升了学生的学习兴趣与参与度，以深度解读帮助学生理解音乐作品的内涵，以多角度展示丰富了音乐作品的解读途径，而且通过它，教师能更有效地提升音乐课程的思政教育效果。正是这些角色的综合演绎，使得课件在音乐教学中的价值得以全面呈现和放大。

（一）课件要提升学习兴趣与参与度

高质量的课件设计以其丰富的视听元素作为主要特点，能够有效吸引学生的注意力，并极大地激发他们的学习兴趣。这种多媒体的学习方式，通过视觉、听觉等多重感官的刺激，更容易引发学生的好奇心，让他们主动投入到学习中去。

例如，教师在准备音乐课程的课件时，可以精选一些经典音乐作品的演奏视频插入其中。当这些精彩的演奏视频在课堂上播放时，学生不仅可以欣赏到高水准的音乐演奏，同时还可以通过观察演奏者的演奏技巧，理解音乐作品的演奏方式。如通过观看钢琴曲的演奏视频，学生可以直观地看到钢琴家如何协调双手的动作，如何通过不同的击键方式表达音乐的情感变化。

这种方式能够让学生在观看视频的过程中，亲自感受到音乐的节奏与韵律，甚至有时候他们可以跟随视频中的音乐起舞，或者模仿乐器的演奏动作。这种参与式的学习体验，能够极大地提高学生对音乐课程的学习热情，增强他们的学习参与度。

（二）课件要为学生提供深度解读

高质量的课件不仅提供视听享受，同时也可以通过详尽的注释和深度的解

读，帮助学生理解音乐作品中蕴含的深层次思政元素。这样的课件设计，让学生在感受音乐美感的同时，也能对音乐背后的文化和历史内涵有更深入的了解。

例如，当教师在课堂上介绍《黄河大合唱》这首歌曲时，如果仅仅是播放音乐，可能只能让学生体验到音乐的旋律和节奏。但是，如果教师能够通过课件展示歌曲的创作背景，解析歌词的含义，那么学生就能更深入地理解这首歌曲所表达的爱国情怀。

具体而言，教师可以在课件中详细解释《黄河大合唱》是在何种历史背景下创作的，如何反映了那个时代人民的抗争精神和坚韧不拔的民族性格。同时，课件还可以对歌词进行逐句解读，让学生了解每一句歌词背后的具体含义，如何表达对祖国的热爱，对自由和和平的向往等。

更进一步，教师还可以在课件中插入相关的历史图片、新闻报道等素材，使学生在理解歌曲的同时，更直观地了解到那个时代的社会环境和人民的生活状态。通过这种方式，课件的内容不仅能够引导学生深度解读音乐作品，还能让他们在音乐课堂中获得更广泛的历史和文化知识。

（三）课件要向学生提供音乐作品的多角度解读

高质量的课件不仅包含了音乐的视听元素，更为学生提供了音乐作品的多角度解读。教师能够通过精心制作的课件，从历史、文化、艺术等多个角度引导学生深入解析音乐作品，增强学生对音乐的全面理解。

以一首古典音乐作品为例，课件可以涵盖作曲家的生平事迹、音乐作品的创作背景、使用乐器的特性等多方面的信息。教师可以详细介绍作曲家的生活经历，如他的艺术追求、创作时期的社会环境，以及他的艺术影响等。例如，莫扎特的音乐生涯是如何从神童走向音乐大师的，他的生活轨迹是如何影响他的音乐风格的。

再如，课件可以深入讲述音乐作品的创作背景。这可能包括作品诞生的历史时期、影响作品风格的社会事件，以及作曲家在创作过程中的思想感悟等。例如，贝多芬的《命运交响曲》就是在他听力日渐衰退的背景下创作的，这首作品中充满的激昂乐章展示了他对命运挑战的决心和勇气。

还有一点需要得到高度重视，即：课件还可以展示使用乐器的特性，让学生理解音乐作品中的不同声部与和声效果是如何通过特定乐器的音色和表演技巧来实现的。如在分析巴赫的大提琴组曲时，教师可以解析大提琴的音色特性，以及巴赫是如何巧妙利用大提琴的演奏技巧，创造出复杂而深沉的音乐结构。这种多角度的解读方式，不仅使学生对音乐作品有更深入的理解，也激发他们对音乐艺术的热爱，提升他们的音乐审美水平。

（四）课件要提升思政教育效果

借助生动形象的课件，教师能够在让学生欣赏音乐的过程中，更加明确和深刻地传递音乐作品中的思想内涵，让学生在感知音乐美的同时，也能洞察到作品所蕴含的思政价值。

以《歌唱祖国》为例，这首歌曲是新中国成立后广为流传的一首重要的红色经典歌曲。它不仅拥有优美的旋律，更富含了深深的爱国主义精神。在课堂上，教师可以利用课件，通过展示《歌唱祖国》的演唱过程，帮助学生了解这首歌曲的创作背景和历史意义。

课件中可以包含历史照片、视频剪辑、歌词分析等内容，使学生从多个角度理解这首歌的爱国主义精神。例如，历史照片可以展示歌曲创作时期的社会风貌，让学生深感祖国从繁荣到强大的历程；视频剪辑则可以展示不同年代、不同场合下群众演唱《歌唱祖国》的情景，让学生直观感受到这首歌曲在全国人民中的影响力；而歌词分析则能让学生理解歌曲所传达的深厚的爱国情感和对祖国未来的美好寄望。

通过这样生动的课件设计，教师不仅能使学生对《歌唱祖国》这样的音乐作品有更深入的理解和感悟，同时也能让他们在音乐欣赏的过程中，深深领悟到作品所蕴含的思政价值，进而增强他们的爱国情怀，提升音乐课堂的思政教育效果。

第三节　立足红色资源打造中学音乐特色文化

红色资源，这一特殊的文化遗产，象征着中华民族的爱国情怀与坚韧不拔的精神。其在音乐教育中的运用，将极大地丰富和拓宽学生的音乐审美视野。在此背景下，打造具有红色资源特色的中学音乐文化，变得至关重要。这不仅能引导学生深入探索音乐的社会历史语境，理解音乐与社会、历史的紧密联系，更能激发学生的爱国情怀。同时，通过对红色音乐作品的学习与

欣赏，学生的社会责任感也会得到提升。因此，红色资源不仅为音乐教育提供了丰富的素材，更在培养学生全面的音乐素养、独立思考能力与社会责任感上发挥了积极作用。在未来的音乐教育实践中，如何更好地挖掘与利用红色资源，将是一个值得深入探讨的课题。具体实践路径如图6-3所示。

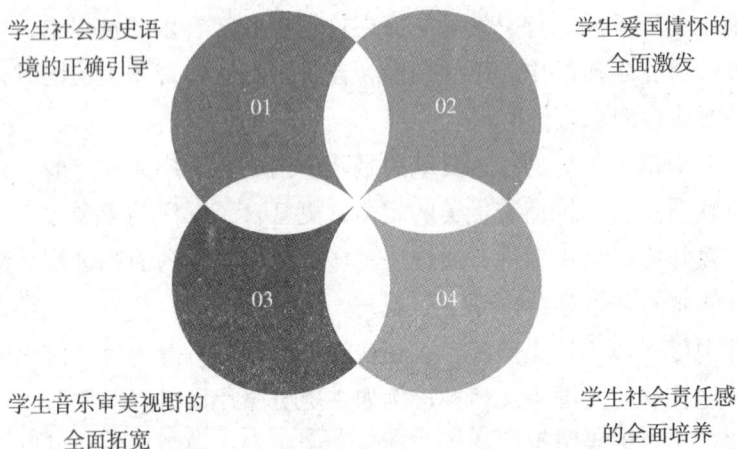

学生社会历史语境的正确引导

01

学生爱国情怀的全面激发

02

学生音乐审美视野的全面拓宽

03

学生社会责任感的全面培养

04

图6-3　中学音乐利用红色资源打造特色文化的实践路径

一、引导学生探索音乐的社会历史语境

在音乐学习中，探索音乐的社会历史语境是引导学生深化对音乐理解的关键步骤。红色音乐作品是历史与音乐的有机结合，它们描绘的一段段历史画卷，蕴含着丰富的社会历史信息。通过研究这些音乐作品，结合跨学科的学习方式，学生可以从更深层次上理解音乐作品的社会历史背景和内涵。同时，这种探索过程也有助于培养学生的历史意识和社会责任感，从而以更为成熟的视角去理解和感受音乐。

（一）音乐与历史的有机结合

音乐，作为一种强大而独特的艺术形式，历来都是与历史紧密相连，深深地烙印着社会历史变迁的痕迹。因此，音乐与历史的有机结合，成为探索音乐价值的重要途径之一。

理解音乐作品，就像拨开历史的云雾，走进那个特定的时代背景，领略其中深藏的故事和情感。例如，红色音乐作品，往往源于重大的历史事件，寄托了丰富的历史内涵。听一首红色歌曲，就像开启一扇时空的门窗，仿佛能够看到那些披荆斩棘、无私奉献的英雄们。学生在探索红色音乐作品背后的历史事件和人物的过程中，可以更深入地理解音乐作品的思想内涵，领悟到音乐是如何在历史洪流中留下独特的印记。例如，《沙家浜》中的"智取威虎山"，它展示了革命战士英勇智取威虎山的壮丽情景，让学生在感受音乐魅力的同时，也能感受到那段革命历史的热血与激情。

对于教师来说，深入挖掘音乐作品中的历史元素，引导学生从多角度、多层次去理解音乐，就像为学生展示了一幅丰富多彩的历史画卷。在欣赏音乐的过程中，学生也会学到更多的历史知识，从而加深他们对历史的认识和理解。音乐和历史的有机结合，也能提升学生对音乐的审美鉴赏能力。因为，每一首音乐作品都是一种特定历史时期的精神产物，它反映了那个时期人们的思想观念、生活习惯、社会风尚等。例如，《东方红》这首歌曲，旋律高亢激昂，充满了时代的气息和革命的热情，从中学生可以领略到音乐的力量，感受到那个特定历史时期的精神风貌。

（二）红色音乐作品的研究

红色音乐作品，作为革命历史的生动注脚，常常携带着浓厚的时代气息和深厚的历史背景，是音乐课堂上富有价值的研究对象。这些作品中蕴含的思想感情和社会历史语境，对于引导学生认识和理解历史，进一步挖掘音乐作品的深层含义，有着重要的教育意义。

以《义勇军进行曲》为例，这首歌曲蕴含了强烈的爱国主义精神和革命英雄主义情怀，是中华民族抵抗外敌的英勇赞歌。教师在课堂上，可以引导学生深入研究这首歌曲的创作背景，了解作者聂耳的生平事迹，进一步认识到这首歌曲在中国近现代史上的重要地位，感受到它所散发出的激昂斗志和坚定信念。通过解析《义勇军进行曲》的旋律结构、歌词内涵、编曲技巧等音乐元素，学生不仅可以提升音乐鉴赏和分析的能力，更能够理解并接纳其振奋人心的思政价值。

研究红色音乐作品，实际上是音乐与历史、音乐与社会的多维度交融，能够帮助学生从不同角度理解和感知音乐，领略音乐作品的丰富内涵。在这个过程中，学生可以进一步理解音乐与社会历史的相互关系，感受音乐艺术的历史价值和思政价值。除了这些作品之外，还有许多其他红色音乐作品，如《歌唱祖国》《我和我的祖国》等，都是具有深厚历史背景和丰富思政内涵的优秀作品。教师可以根据教学目标和学生特点，有针对性地选用这些作品，指导学生进行深入的学习和研究。

（三）跨学科的学习方式

跨学科的学习方式是 21 世纪教育改革的重要趋势，通过音乐与历史的结合，不仅可以丰富和深化学生对音乐的理解，同时也可以培养学生的综合素质和思考能力。

在探索红色音乐作品时，学生需要了解到，每一首红色音乐作品都蕴含着丰富的社会历史背景，音乐和历史的交织为学生提供了一种新颖的学习途径。例如，当学生在研究《南泥湾》这首歌曲时，他们不仅能感受到旋律的优美，更可以理解这首歌曲背后所反映出的艰苦创业精神和人民的坚定信念。这种跨学科的学习方式，可以帮助学生从多个角度去理解音乐，使音乐的学习不再局限于单一的音乐语言和音乐技术，而是扩展到了历史、文化、社会等更广泛的领域。学生可以在欣赏音乐的过程中，更好地理解历史，认识社会，形成正确的历史观和价值观。

另外，跨学科的学习方式还可以提高学生的思维能力和创新能力。在音乐与历史的学习过程中，学生需要将不同领域的知识进行有机结合，进行深度思考和积极探索，这无疑有助于提高他们的综合分析能力，培养他们的创新思维。例如，在学习《长征组歌》时，教师可以引导学生从历史、音乐、文学等不同角度去解读这首歌曲，让学生在理解歌曲旋律的基础上，进一步理解歌曲的历史背景，探讨歌曲的艺术表现手法，从而更深入地理解这首歌曲的思想内涵和艺术价值。

（四）培养历史意识和社会责任感

理解音乐的社会历史语境是培养学生历史意识和社会责任感的重要途径。红色音乐作品，如《长征组歌》《南泥湾》等，富含深厚的历史内涵，它们记载了国家和人民在特定历史阶段的伟大壮举，深化了学生对历史进程的认识，从而增强了他们的历史意识。历史意识是理解社会发展脉络、认识历史变迁的重要工具。在研究音乐作品背后的历史故事时，学生可以了解音乐是如何在特定的社会历史环境中产生，如何反映社会变迁的。这一过程有助于学生形成对历史的深入理解，认识到自己所生活的社会是在历史的推动下不断发展变化的。

社会责任感的培养，是立足红色资源打造中学音乐特色文化的重要目标之一。音乐作品不仅承载着历史记忆，同时也具有鲜明的时代印记和思想内涵。例如，《走进新时代》这样的歌曲，旋律优美，歌词富含深意，反映了中国人民在新时代中的昂扬斗志和豪情壮志，激发了学生的爱国心和使命感。通过学习和欣赏这样的音乐作品，学生不仅可以提升音乐素养，更能在无形中增强自己的社会责任感，明白自己作为一名新时代的青年人，应该积极贡献自己的力量，为社会的发展做出贡献。

在这里，音乐教育应该强调情感的熏陶和思想的启迪。在音乐的欣赏和演奏中，学生不仅可以体验音乐的美，也可以深感其中蕴含的思想深度和历史底蕴。对于一些富有历史底蕴的红色音乐作品，更可以引导学生在欣赏美的同时，思考历史的深远影响，激发他们对于历史和社会的深度关怀。

二、激发学生的爱国情怀

在提升学生爱国情怀的课程设计中，组织爱国主义音乐活动、引导学生角色扮演历史人物、引导学生关注现代社会、讲述音乐历史中的爱国故事以及赋予音乐创作爱国主题，均为重要的教学策略。这些策略以音乐为载体，深入挖掘历史中的爱国主义元素，将现实的社会观察与历史的回望有机结合，使学生在音乐的感悟中，自然地把握爱国主义的精神内涵，进一步激发他们的爱国情怀。

（一）组织爱国主义音乐活动

在音乐教学的场景中，爱国主义音乐活动的组织担任着不可或缺的角色。这些活动直观、生动，充满动感，以其独特的方式传递着音乐的魅力和爱国情怀。以红色歌曲演唱会和音乐剧的演出为例，这些活动在激发学生爱国情怀的同时，也让他们深度了解红色音乐，体验音乐带来的快乐。

举办红色歌曲演唱会，是一个有效的方法。选取《歌唱祖国》《我爱你中国》等经典红色歌曲，让学生在音乐的世界里体验爱国情怀。这些歌曲源自历史的深处，表达了对祖国深深的热爱。演唱这些歌曲，不仅可以让学生欣赏到优美的旋律，更可以让他们了解到歌曲背后的历史故事，感受到爱国情怀的深度和厚重。

除了上述活动类型之外，音乐剧的演出也是一个非常好的方式。以音乐剧形式再现历史人物和历史事件，可以让学生在角色扮演中，深刻体验到历史人物的情感世界，感受到他们的爱国精神。

（二）引导学生角色扮演历史人物

角色扮演是一种富有趣味性且能引发深度参与的教学策略。当学生扮演历史人物时，他们不仅获得了理解这些人物以及其行动动机的机会，还能体验并理解他们的情感世界。音乐剧提供了一个极好的平台，可以让学生通过角色扮演的方式，更深入地感知历史人物的爱国情怀。

音乐剧以其独特的戏剧性和观赏性，能够生动地展现历史人物的形象，从而使学生能更加直观地了解历史，体验历史人物的心路历程。

这样的学习过程还会激发学生对音乐剧表演的兴趣，提升他们的艺术素养。他们在角色扮演中，需要学习如何用声音、肢体和表情来表达角色的内心情感，这是对他们音乐表演技巧的一种锻炼。他们在这个过程中，不仅体验到了音乐剧的魅力，也感受到了艺术的美好。

（三）引导学生关注现代社会

生活在现代社会中，学生有许多机会去了解和感受爱国情怀。爱国情怀并不仅仅存在于历史中，它也活跃在每个人的日常生活中。这就需要教师引导学生把目光转向社会，发现并学习周围的爱国事例。

如今的社会充满了各种爱国的行为和精神。教师可以引导学生关注那些在社会中做出积极贡献的人。例如，可以引导学生关注那些在各个行业中默默付出的工作者，他们的工作虽然平凡，但他们的付出却为社会发展做出了贡献。他们的爱国精神表现在他们对工作的敬业精神，对社会的责任心，以及对国家的忠诚上。

在应对公共卫生事件过程中，医护人员英勇奋战，他们的行动就是爱国精神的生动展现。他们在面对疫情的威胁时，毫不犹豫地投入工作，用自己的专业知识和技能来救治患者，他们的精神值得每个学生学习和尊重。学生在了解这些人的事迹后，就会明白爱国情怀是怎样在平凡的岗位上展现的。

另外，学生也可以通过关注社会热点，了解社会发展的最新动态，从而理解和感受到爱国情怀的重要性。例如，学生可以关注国家的科技发展，了解那些为国家科技进步做出贡献的科研人员，从而了解他们的爱国精神。

（四）讲述音乐历史中的爱国故事

音乐历史中，存在着众多饱含爱国情怀的故事，通过讲述这些故事，不仅能够激发学生对历史的兴趣，同时也有助于激发他们的爱国情怀。例如，讲述《歌唱祖国》等歌曲背后创作的故事，可以帮助学生理解音乐作品是如何与爱国情怀结合在一起的，从而引发他们的爱国情怀。

（五）赋予音乐创作的爱国主题

鼓励学生创作以爱国主义为主题的音乐作品，是一种非常有效的方式，既可以培养他们的音乐创作能力，又可以让他们深刻体验到爱国主义的伟大。音乐是表达情感的语言，是沟通内心的桥梁。让学生尝试创作以爱国主义为主题音乐作品，能帮助他们更深刻地理解和体验到爱国主义的内涵。他们可以尝试写一首表达对祖国深深热爱的歌曲，或者创作一段描绘祖国美丽山河的乐曲。在创作的过程中，学生需要深入思考，如何通过音乐，将他们对祖国的热爱和敬仰表达出来。

例如，学生创作一首歌曲，歌曲的主题是"美丽的祖国"。他可能首先需要想象祖国的山河大地，思考如何通过音乐和词语来描绘这种美丽。接下来，他需要挑选合适的旋律和和弦，以适应歌曲的主题。在这个过程中，他不仅需要调动他的音乐知识和技巧，也需要投入他对祖国的情感。通过这种方式，学生不仅能锻炼他的音乐创作能力，同时也能深深体会到爱国主义的伟大。

除此之外，学生在创作过程中，也会对祖国有更深的了解和认识。他们会发现，祖国的美丽并不仅仅体现在她的山河大地上，也体现在她的历史文化中，体现在人民的精神面貌中。这样，他们在欣赏自己创作的音乐作品的同时，也能感受到对祖国的深深敬仰和热爱。

三、拓宽音乐审美视野

红色音乐作品的欣赏与比较，是拓宽音乐审美视野的重要途径。涵盖红色军歌、红色交响乐、红色民歌等多种形式的音乐欣赏，能丰富学生的音乐体验，使他们接触到更多元的音乐形式和表达手法。同时，通过比较不同红色音乐作品，学生可深度理解音乐的丰富性和多样性，这对于拓展他们的音乐审美视野具有显著的影响。这一过程，不仅提升了他们的音乐欣赏水平，更是在音乐体验中，开启了他们的文化视角与人文情怀。

（一）欣赏红色军歌

红色军歌，作为一种具有深厚历史底蕴的音乐类型，是由革命军人在艰苦的斗争环境中创作的。其具有激昂的旋律和鼓舞人心的歌词，对于学生体验英雄的英勇与豪情具有重要作用。

以《东方红》这首歌为例，它被誉为新中国的"第二国歌"。这首歌的歌词充满了对领袖的敬仰和对未来的热切期待，歌曲中充满了对毛主席的敬爱和对新中国的希望。当这首歌曲在课堂上播放时，学生能深深感受到歌曲所传递出的那份深深的爱国热情和革命精神。再看《中国人民解放军进行曲》，这首歌曲自1951年被定为中国人民解放军军歌以来，一直被广大军民深深喜爱。其歌词表达了人民解放军为了保卫国家、捍卫人民生命和财产安全的决心和勇气。当学生们齐声高唱这首军歌时，那种为了国家和人民的利益勇往直前的英勇精神，就会被深深激发出来。

通过欣赏这些红色军歌，学生可以在音乐的美感享受中，感受到音乐传达的爱国情怀。这样的体验，既能让学生在感官上欣赏音乐的韵味，又能在精神上得到升华，进一步激发他们的爱国情怀。

（二）欣赏红色交响乐

红色交响乐，以其壮丽的旋律和深沉的情感表达，为学生打开了感知音乐中庄重与豪迈的新路径。它带领学生走进音乐的深层世界，感受音乐的力量，从而深入理解音乐所表达的深沉情感。如《黄河交响曲》和《长征组歌》等作品，其音乐的起伏和情感的变化，让学生感受到那份对祖国深深的热爱和坚定的信念。

《黄河交响曲》是一部经典的红色交响乐作品，也是中国音乐历史上的里程碑之作。该作品以黄河为背景，描绘了中国人民在抗日战争时期的坚韧不屈和无畏无惧精神。每一段旋律，每一次起伏，都表达了对祖国深深的热爱和对自由独立的坚定信念。在音乐的引导下，学生可以感受到这种从内心深处涌出的爱国情怀，体验到这种坚韧不屈的精神。另一部作品《长征组歌》更是展现了红军长征的历史画卷。它以鲜明的音乐描绘了红军长征过程中的艰难困苦和英勇无畏，让学生们在欣赏音乐的同时，也了解了那段伟大的历史。这不仅锻炼了学生的音乐欣赏能力，同时也帮助他们理解那段艰难历程中的伟大精神。

欣赏红色交响乐，对于拓宽学生的音乐审美视野有着重要的作用。在欣赏的过程中，学生们不仅可以感受到音乐的美感，也可以了解到音乐背后所包含的深厚的历史和文化。这种体验方式，既让学生在音乐中得到感官上的享受，又使他们在精神上得到了丰富的启示。这无疑将对他们的音乐素养和爱国情怀产生深远的影响。

（三）欣赏红色民歌

红色民歌，以其亲民的旋律和朴素的词句，打开了学生感知音乐中亲和与温暖的新窗口。这种音乐形式拥有直接而深入的表达力，可以让学生在欣赏的过程中，感受到音乐的亲和力，同时理解和体验那种源自生活却又高于生活的情感。

例如，《河北山歌》是一首具有深厚人民基础的红色民歌。它将河北省农民的生活描绘得淋漓尽致，旋律简单但动人，歌词朴素却饱含深意。学生在欣赏这首歌曲时，既可以感受到民歌的独特韵味，也可以感受到人民对美好生活的向往和期望。另一首脍炙人口的红色民歌是《茉莉花》。这首歌曲源于民间，被赞誉为中国的"国花歌曲"。它描绘了茉莉花的清香四溢，象征着人民的纯洁和坚韧。当学生在欣赏《茉莉花》时，不仅能够理解歌词的意蕴，更能体验到中国传统文化的精髓。这两首歌曲的旋律简洁易懂，歌词质朴真实，让学生在欣赏过程中，能感受到音乐的亲和力。同时，通过歌词的解读和情感的体验，他们能够理解那种源自生活却又高于生活的情感。这种体验方式让他们在音乐中找到了生活的痕迹，也让他们在生活中找到了音乐的踪影。

红色民歌的欣赏，不仅可以丰富学生的音乐知识，也能提升他们的音乐素养。通过这种方式，他们能够深入理解音乐的真谛，感受音乐的力量。这种力量不仅来自音乐本身，更来自他们对生活的理解和感知。这无疑是一种对音乐审美视野的拓宽，也是对生活理解深度的提升。

（四）比较不同红色音乐作品

在比较不同红色音乐作品时，不同类型的音乐各有其独特之处。红色交响乐如《在希望的田野上》，则以其宏大的音乐结构和深邃的情感表达，展现了人民在艰苦环境中坚韧不拔、奋斗向前的豪迈精神。此曲的旋律层次丰富，既有庄严肃穆的段落，也有欢快轻松的乐章，从中学生可以体验到音乐的庄重与豪迈，并深化对音乐表现力的理解。

红色民歌如《十五的月亮》，则以其朴素的旋律和接地气的歌词，展现了音乐的亲民性和生活化。这首民歌蕴含深厚的爱国情感，旋律简洁易懂，歌词直接生动，使学生在轻松愉快的音乐中，深入领略到红色民歌的魅力。通过这样的对比分析，学生可以更深刻地理解红色音乐的丰富性和多样性，更加认识到音乐的形式和表达方式是多样的，不同的音乐类型都能表现出丰富的情感和独特的风格。这有助于拓宽学生的音乐审美视野，提升其音乐欣赏水平。

四、培养学生的社会责任感

在音乐教学中，培养学生的社会责任感是一项关键任务。红色音乐作品中，蕴含着丰富的道德价值和社会责任，对其进行深度分析，可以激发学生的社会责任感。同时，参与红色音乐欣赏会、红色音乐演唱比赛，以及社区音乐服务活动，为学生提供亲身体验和实践的机会，引导学生进行音乐创作展示，也是培养其社会责任感的有效方式。这些教学活动均能使学生更深刻地感受到自己在社会中的角色与职责。

（一）分析红色音乐作品的道德价值和社会责任

红色音乐作品，象征着一种强烈的道德力量和社会责任感，其中，《红星照我去战斗》无疑是一个非常好的例子。该歌曲生动、直接地传递了革命后代冲锋陷阵、英勇无畏的精神风貌，展现了他们无私奉献、赴国家之需的崇高品格。

而在课堂中深度解读这样的歌曲，可以帮助学生深入理解音乐中蕴含的道德价值和社会责任。歌曲中的歌词，如同一个个富有深意的故事片段，通过听、读、理解，学生能够深入领悟到其中的含义，明白每一位公民，不论身为何种角色，都应该对社会、对他人保持积极正面的态度，对国家、对社会承担起应有的责任。这无疑将对他们的人格塑造和价值观形成起到积极的推动作用。音乐的魅力在于它可以跨越语言和文化的障碍，直接触动人们的内心。红色音乐作品以其鲜明的主题和丰富的内涵，既能传递积极向上的精神力量，也能引发人们深入思考。通过深度解读红色音乐作品，学生不仅能更深入地理解音乐，更能深刻感受到作为公民，他们所需要肩负的社会责任。

（二）红色音乐欣赏会的组织和参与

红色音乐欣赏会的组织和参与，作为一种实践的方式，具有显著的教育价值。这种活动不仅让学生有机会近距离感受红色音乐的艺术魅力，更是一种实际参与和体验的过程，使他们能够在实践中感受到作为一个组织者或者参与者所承担的责任。

策划一次红色音乐欣赏会，学生需要深入研究不同的红色音乐作品，从中选择最具代表性、最能引发共鸣的作品。这一过程不仅锻炼了他们的艺术鉴赏能力，也提升了他们的独立思考和决策能力。而在音乐会的筹备过程中，需要对活动的各个环节进行周密考虑，从场地布置到节目流程，从宣传推广到现场管理，都需要学生投入大量的精力去组织和协调。这对他们的团队协作能力、组织协调能力、时间管理能力都是一次重要的锻炼。

红色音乐欣赏会还是一次深度参与的过程。学生不仅可以欣赏到精彩的音乐，也可以通过参与讨论、提出建议，积极发表自己的观点和感受，更深度地理解和体验音乐的魅力。而在分享自己的理解和感受的过程中，也可以增进与他人的交流和沟通，培养出积极的社会交往能力。而这整个过程，也是一种社会责任感的体验。学生在组织和参与红色音乐欣赏会的过程中，无论是在策划、协调，还是在执行、参与过程中，都需要充分考虑到他人的感受和需求，为他人提供一个良好的艺术体验环境。这就需要他们了解并承担起自己的社会责任，理解自己的行为对他人和社会的影响。

（三）红色音乐演唱比赛的参与

参与红色音乐演唱比赛是一种独特的体验，它不仅让学生深度接触和理解红色音乐，更为他们提供了一个在实践中学习和成长的平台。通过演唱比赛的参与，学生能够从中领悟到社会责任感和团队精神的重要性。在参与红色音乐演唱比赛的过程中，学生需要认真研读歌词，理解其中的历史背景和精神内涵，才能更好地表现音乐作品。例如，演唱《团结就是力量》时，学生需要理解这首歌传递的集体主义精神和团结协作的重要性。这种深度接触和理解红色音乐的过程，能让学生更直观地感受到红色音乐中所承载的社会责任感。

演唱比赛的参与过程也是一种团队协作和社会责任的体验。学生需要和队友一起练习，相互配合，互相支持，一起面对比赛的压力和挑战。这种团队协作的过程，让学生理解到，每个人在团队中都有自己的角色和职责，只有每个人都尽职尽责，团队才能取得成功。这种体验对于培养学生的社会责任感和团队精神有着重要的作用。还有一点需要提起高度重视，即：通过红色音乐演唱比赛，学生还能将红色音乐的精神内涵传播给更多的人。他们的演唱不仅是对红色音乐的一种诠释，也是对红色音乐精神的一种传播。这种从个人到集体再到社会的传播过程，也让学生感受到自己作为社会成员的影响力和责任。

（四）社区音乐服务活动的组织和参与

社区音乐服务活动是一种深入社区、服务社区居民的活动，它让学生有机会将红色音乐的力量带到社区中，服务社区居民，从而在实践中培养他们的社会责任感。

参加社区音乐服务活动，比如在养老院或儿童福利院进行音乐表演，学生有机会将红色音乐带给这些特殊群体。例如，学生可以为养老院的老人演唱《解放军的爸爸妈妈》《我的祖国》，让他们在听到这些熟悉的旋律时，回忆起青春岁月，找到共鸣和慰藉。对于儿童福利院的孩子们，学生可以演唱《我们是共产主义接班人》，引导他们理解集体主义的思想，鼓励他们有志气、有理想。这样的活动，不仅为老人和孩子们带去了欢乐，也让学生在实践中体验到音乐服务社区的责任和义务。

又如，在社区广场组织音乐欣赏活动，学生可以选择一些红色音乐作品，如《歌唱祖国》《翻身农奴把歌唱》等，进行表演。这样的表演不仅让社区居民欣赏到优秀的音乐作品，也能让他们了解到红色音乐中蕴含的深厚历史背景和崇高精神。同时，这样的活动还可以激发社区居民的爱国情感，凝聚社区的力量。在这个过程中，学生在为社区服务的同时，也体验到了自己在社会中扮演的角色和责任。

（五）学生的音乐创作展示

鼓励学生进行音乐创作并进行展示，是一种培养学生社会责任感的有效方式。在这个过程中，学生有机会深度探索社会现象，用自己的观点和理解创作音乐作品。这不仅能促进他们的创新思维和提高他们的表达能力，也能让他们理解到，自己的作品能影响他人，从而深刻感知到身为创作者所应承担的社会责任。

在这个过程中，学生可能会选择关注当下的社会问题，比如环境保护、青少年压力等，并通过自己的音乐作品来表达自己的观点。例如，学生可以创作一首关于环保的歌曲，通过歌词和旋律来引起听者对环境问题的关注。当这样的作品在课堂上进行展示时，其他学生会被这样的作品所感动，进一步理解到环保的重要性。或者，学生可以创作一首反映青少年压力的歌曲，通过音乐来表达自己对压力的理解和应对方法。当这样的作品在课堂上进行展示时，其他学生可以通过这首歌了解到面对压力的方法，从而得到启发和帮助。

通过音乐创作展示，学生不仅在创作和展示的过程中培养了创新思维和表达能力，也深刻理解到，自己的作品可以影响他人，感知到身为创作者所应承担的社会责任。这样的实践活动，无疑对于培养学生的社会责任感起到了积极的推动作用。

第四节　以多种教育载体实现中学音乐与思政课程的深度融合

随着中学（高中）音乐新课程改革的不断深化，课程思政已经成为中学音乐课程教学的核心理念。也就是说，在中学音乐课堂教学活动中，既要强调学生乐理知识、艺术鉴赏、审美能力的全面培养，同时还要注重对学生思想、价值、道德观念的正确引领。正因如此，教育载体的多样化就成为必不可少的条件之一，广大中学音乐教师在探索与思政课程深度融合的道路中，应强调有效发掘和应用新教育载体的过程，具体实践流程如图6-4所示。

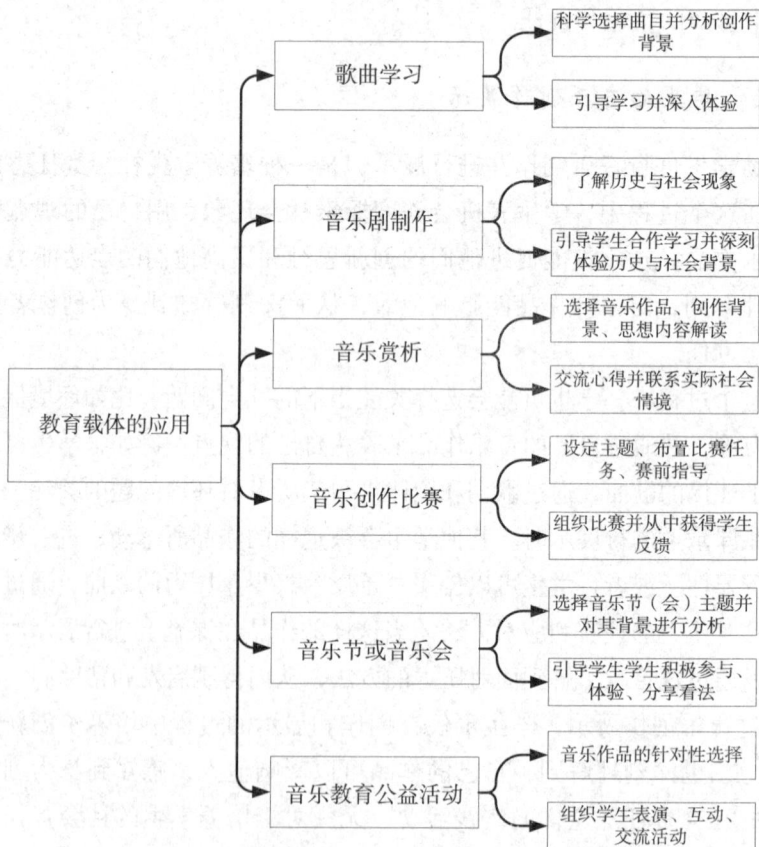

图 6-4　利用多种教育载体实现中学音乐与思政课程深度融合的路径

一、歌曲学习在中学音乐与思政课程深度融合中的运用

歌曲学习作为中学音乐课程教学有效融合思政课程的载体选择，即：将歌曲学习作为中学音乐与思政课程融合的重要手段。这意味着在中学音乐课堂教学中，歌曲学习作为音乐课堂有效渗透思政元素，成为培养学生思想、价值、道德观念的重要抓手。其中，通过对歌曲的选择、分析和演唱来实现教育目标，包括培养学生的音乐素养、思想品德和情感表达能力。

（一）歌曲的科学选择

教师在将音乐与思政课程深度融合的过程中，歌曲的选择至关重要。选择的歌曲应富含深厚的历史文化底蕴和鲜明的思想性，以此引导学生深入理解歌曲所传达的思想寓意，红色经典歌曲和爱国歌曲是良好的选择。

这些歌曲既具有高度的艺术价值，也是中华民族历史文化的重要载体，富含深刻的思想内涵。歌曲的旋律、歌词以及背后的创作背景和故事，都是对学生进行思政教育的重要资源。例如，如果思政教育的主题是革命历史，教师可以选择《没有共产党就没有新中国》作为教学歌曲。这首歌曲是一首深受人民喜爱的红色经典歌曲，它以生动的音乐语言表达了人民对中国共产党的深深敬仰和无尽感激。在学习这首歌曲的过程中，学生不仅能够欣赏其优美的旋律，更能了解中国共产党的伟大历史功绩，增强对中国特色社会主义的信仰。

再如，如果思政教育的主题是爱国主义，教师可以选择《歌唱祖国》作为教学歌曲。这首歌曲是一首代表了中国人民深深的爱国情感的经典歌曲，它激励着每一个中国人热爱祖国，为实现祖国的繁荣富强而奋斗。在学习这首歌曲的过程中，学生可以深入理解什么是爱国主义，学会热爱祖国，坚守爱国主义的信念。通过这样的教学设计，教师可以充分利用音乐的魅力和感染力，以生动有趣的方式，引导学生接受思政教育，使思政教育深入人心。同时，这样的教学方式也有利于提高学生的音乐素养，培养他们的审美情趣和艺术创造力，实现音乐教学与思政教育的深度融合。

（二）深入分析歌曲的创作背景和演唱过程中的情感投入

歌曲的创作背景、歌词内容和音乐风格是理解一首歌曲的关键。为了有效地进行思政教育，教师需要进行深入的解读，使学生在歌曲学习过程中理

解歌曲背后的历史故事和思想寓意。

每一首歌曲都有其特定的创作背景，这背后往往蕴含着丰富的历史信息和社会文化的痕迹。比如说，《平凡的世界》这首歌是根据路遥同名小说而创作的主题歌。小说描绘了普通农民的生活和中国社会的巨大变迁。在解读这首歌曲的过程中，教师可以引导学生去理解在改革开放的大背景下，普通人如何去面对和适应社会变革，以及他们对美好生活的向往和追求。这不仅可以使学生理解歌曲的含义，更能使他们对中国的近代历史和社会变革有更深入的了解。

歌词内容和音乐风格是歌曲传达信息的重要方式，是感动人心的关键。在教学过程中，教师需要深入分析歌词的具体内容，以及音乐的旋律、节奏、和声等元素，引导学生理解歌曲的精神内涵和艺术风格。例如，教师在教授《中国人》这首歌曲时，可以解析歌词中"让世界知道我们都是中国人"这句歌词，引导学生理解爱国主义的重要性。同时，通过分析音乐风格，让学生理解歌曲的情感表达和艺术特色。演唱过程中的情感投入是增强歌曲感染力的重要因素。教师需要引导学生在学习和演唱歌曲的过程中，投入真挚的情感，使歌曲的表演更具感染力。例如，教师在教授《我和我的祖国》这首歌曲时，可以鼓励学生在演唱时，真心实意地表达自己对祖国的热爱之情。通过深入分析歌曲的创作背景和演唱过程中的情感投入，教师可以有效地引导学生理解歌曲背后的历史故事和思想寓意，使他们在享受音乐的美好的同时，接受深入的思政教育。

（三）引导学生深度学习歌曲

深度学习歌曲需要对歌曲的旋律、歌词进行全面而深入的理解和熟练掌握。这种理解不仅包括音乐的技术层面，如旋律、节奏、和声等，也包括歌曲的文化内涵和社会意义。在这个过程中，教师的角色至关重要。

以《父亲》这首歌为例，这是一首描绘父爱如山的歌曲，旋律优美，歌词感人。在教授这首歌的过程中，教师不仅需要教导学生学习旋律，掌握歌词，更需要引导学生理解歌曲所描绘的人物形象和情感变化，理解父爱的伟大。例如，可以解析歌词"他把我养大，却没有让我知道他的辛苦"的含义，引导学生理解父亲的无私奉献，增强孝敬之心。

反复练习是掌握歌曲的关键。学习歌曲的过程中，学生需要反复唱，通

过不断地实践，让歌曲的旋律、歌词深入心中。例如，在学习《朋友》这首歌时，学生可以在教师的引导下，反复唱，反复听，让这首歌的旋律和歌词深深印在心中。个性化的演绎是深度学习的重要环节。每个学生对歌曲的理解都有自己的独特见解。教师可以鼓励学生根据自己的理解，对歌曲进行个性化的演绎。例如，学习《我相信》这首歌时，学生可以根据自己的生活经验，对歌曲的演绎进行个性化的创新，如改变部分歌词、旋律，或是增添个人风格的演唱方式。

（四）积极组织学生分享和讨论学习成果

这一环节不仅有助于巩固和深化学生的学习成果，也有助于培养学生的表达和沟通能力，同时也有利于提升学生对于思政教育主题的理解和感悟。其间，教师考虑《同一首歌》这样的歌曲作为学习的对象。这是一首歌颂人们团结一致、共同追求美好未来的歌曲。在学习了这首歌曲之后，教师可以组织学生进行分享和讨论。每个学生都可以分享自己学习这首歌曲的体验，包括在学习旋律、歌词的过程中遇到的困难和自己的克服方式，也可以分享自己对这首歌曲的理解和感悟。

例如：有的学生可能会分享他对于这首歌中"无论你我，更无分高低，肩并着肩，你我就是一起"这一句歌词的理解。他可能会提到在现实生活中，不同的人有着不同的生活经历和生活状态，但是只要大家团结一致，就可以共同面对生活中的困难和挑战，共同创造更好的未来。这种分享和讨论的过程，既是学生个人思考和反思的过程，也是学生之间互相学习和互相启发的过程。这种过程中，学生的表达和沟通能力会得到锻炼和提升，他们对于思政教育主题的理解和感悟也会得到深化。教师的角色在这个过程中同样重要。教师需要引导并调动学生的分享和讨论活动，可以通过提问、评论等方式引导学生进行深度思考，也可以提出自己的观点，引导学生理解和接受正确的思政教育主题。

（五）组织多种演唱活动

组织多种演唱活动，如集体演唱、音乐节或歌唱比赛，能够更直接、生动地帮助学生体验和理解歌曲背后的思想含义。这种活动形式富有生活气

息，能够调动学生的积极性，帮助他们在实践中体验和学习。以《南泥湾》为例，这是一首富有热烈激情、表达了决心和勇气的歌曲。在教学过程中，可以组织学生进行集体演唱活动。教师可以引导学生分析歌词，理解这首歌曲中勤劳、坚韧、自我奉献的精神，并在演唱过程中将这种精神表现出来。通过集体演唱活动，学生不仅能更好地掌握歌曲的技术要领，还能感受到集体的力量，体验到合作和团结的重要性。

举办音乐节或歌唱比赛也是一种有效的方式。例如，可以以"红色经典"为主题，举办一次音乐节，邀请学生演唱如《歌唱祖国》《我和我的祖国》等富有爱国情感的歌曲。学生在准备和参加比赛的过程中，不仅需要对歌曲进行深入的学习，还需要对歌曲背后的历史背景和思想寓意进行理解。这样的活动，让学生在竞赛的同时，也接受了深入的思政教育。同样，教师也可以根据歌曲的内容和风格，设计一些独特的演唱活动，如模拟历史事件的表演，让学生通过角色扮演，更直观地体验和理解歌曲的思想含义。

无论哪种形式的演唱活动，关键都在于引导学生去深入理解歌曲，去体验歌曲，去感受歌曲背后的思想含义。这样，音乐就不仅仅是一种艺术表现形式，而是一种教育工具，一种传达思想的载体，它可以帮助学生更好地理解和接受思政教育的内容。

二、音乐剧制作在中学音乐与思政课程深度融合中的运用

由于音乐剧制作在音乐课堂教学中能够培养学生的创作思维与合作能力，学生也会从中对所要创作的音乐剧进行深入挖掘，所以在中学音乐课堂教学中，可以作为与思政课程深度融合的重要载体。而在实践操作中的有效运用则要注重以下四个方面：

（一）通过音乐剧的制作帮助学生了解历史和社会现象

音乐剧制作的过程，尤其是剧本的编写，能使学生深入了解历史和社会现象。在这个过程中，学生们需要全面探索一个主题，这个主题可能是一个重要的历史事件，如长征，也可能是一个广泛的社会议题，如环保。他们需要对这个主题进行深入的研究，整理出一条清晰的故事线，并将其编写成一个吸引人的剧本。以长征为例，学生们需要从多个角度来探索这个主题。他

们需要研究当时的历史背景，了解长征的起因和过程，以及它对中国历史的影响。他们还需要理解参与长征的人们的心态和经历，探究他们的动机和信念。在这个过程中，学生们会对历史有更深入的理解，他们也会对社会形势和历史事件有更敏锐的洞察力。

在编写剧本的过程中，学生们还需要考虑如何通过音乐剧的形式将这个主题生动地呈现出来。他们可能需要选择一些合适的音乐风格，编写有力度的歌词，设计引人入胜的舞蹈，这都需要他们具有良好的艺术创作能力和表达能力。通过这种方式，他们可以将自己对历史和社会现象的理解转化为具有感染力的艺术作品。当音乐剧制作完成后，学生们可以将其公开演出，与更多的人分享他们的作品。这不仅是他们展示自己创作成果的机会，也是他们引发更多人关注和讨论这个主题的机会。在演出的过程中，他们可能会收到各种反馈和建议，这会进一步提高他们对这个主题的理解和认识。

（二）高度重视学生之间和师生之间的团队合作

团队合作在音乐剧制作中占据重要地位。学生间及师生间的紧密协作为制作提供了必不可少的动力。这个过程不仅要求学生们集体策划、讨论和创作，同时也涉及舞台布景、灯光效果、服装设计等多个层面。在这个过程中，学生们需要锻炼并提升自己的人际沟通能力和协作能力。

以音乐剧中的角色分配为例，这是一个需要团队成员之间密切合作和沟通的环节。每个成员都需要充分理解自己的角色和任务，同时也需要了解他人的角色和任务，才能更好地完成音乐剧制作。如果在这个过程中出现了角色冲突或者意见不合，学生们需要学习如何以开放和理解的态度去处理这些问题，如何在尊重他人意见的基础上提出自己的观点。

在这里，还需要注意一点，即：音乐剧制作也是锻炼学生团队协作能力的绝佳机会。这个过程会让学生们明白，一个成功的音乐剧制作不仅仅依赖于个人的能力，更需要整个团队的共同努力。他们需要学习如何在团队中发挥自己的长处，如何支持和协助他人，以及如何共同为实现团队目标而努力。师生间的协作也很关键，教师需要指导和帮助学生，让他们更好地理解和掌握音乐剧制作的相关知识和技能。同时，教师也需要尊重和倾听学生的意见，鼓励他们积极参与到音乐剧制作中去。这样，学生不仅可以提升自己的专业技能，也可以培养自己的创新能力和团队协作能力。

（三）以学生为主体开展思想教育引导工作

音乐剧制作过程中，让学生主动参与并充当主体角色，相比于传统的思政教育方式，更能激发学生的主动性和创造性。这种教育方式不仅能吸引学生的注意力，还可以帮助他们在享受艺术的过程中接受教育。

例如，当学生们被赋予任务，以创作一部爱国主题的音乐剧为目标时，他们先要对这一历史事件进行深入的研究和理解，包括抗战精神、爱国情怀，以及这一事件对中华民族历史进程的重大影响。这种深度参与和研究，使得学生能从内心深处理解和体验到抗战精神的伟大，而不仅仅是停留在口头上的教诲。在这里，以学生为主体的思想教育引导工作，还能鼓励学生们发展自主思考的能力。例如，在编写剧本的过程中，学生需要将复杂的历史事件转化为易于理解的情节，这就需要他们进行深度的思考和创新。在此过程中，学生们的批判性思维和问题解决能力得到了提升。

与此同时，音乐剧制作也为学生提供了一个展示自我和发挥才能的舞台。例如，他们可以通过表演来展示自己的演唱、舞蹈、戏剧才能，也可以通过剧本创作和舞台设计来展示自己的创新思维和艺术才华。这样，他们不仅能从中得到成就感，也能更好地理解和接受思想教育。在这个过程中，教师的角色也非常重要。他们不仅要提供必要的指导和支持，还要尊重和鼓励学生的创新精神和个性发展。通过这样的方式，音乐剧制作不仅可以作为一种有效的思想教育工具，也能为学生提供一种独特的学习和成长体验。

（四）注重学生创新思维和表达能力的全面培养

音乐剧制作是一项涉及多种艺术形式（包括歌唱、舞蹈、表演、剧本创作、舞台设计等）的综合性创作活动，对学生的创新思维和表达能力培养具有独特的优势。想象一下，学生们围坐在一起，为即将上演的音乐剧热烈讨论。他们在这个过程中不仅要深入理解和研究音乐剧的主题（比如民族精神、革命历史等），还要将这些抽象的主题转化为具体、生动、触动人心的场景和表演。这就需要学生运用和发展他们的创新思维，找到新的、独特的方式来表达他们对主题的理解和感受。

例如，在创作关于革命历史的音乐剧时，学生可能会使用新颖的歌词和旋律来表达革命烈士的英勇无畏，或者通过创新的舞蹈动作和表演形式来

描绘革命的严峻氛围。在这个过程中，他们不仅要挖掘和激发自己的创新思维，也需要运用和提高他们的艺术表达能力。更重要的是，这个过程还鼓励学生发展个性化的表达方式。每个学生都有自己独特的想法、感受和创作风格，他们可以通过音乐剧制作的过程，找到最能体现自己个性的艺术语言。这不仅有助于提高他们的创新思维和艺术表达能力，也有助于他们建立自我认同和自信心。为了更好地实施这种教育方式，教师需要营造一个开放、充满活力和支持创新的环境，鼓励学生尝试、失败和再试。只有这样，学生才能真正勇于创新，发展出自己的表达能力，从而在音乐剧制作的过程中获得全面的成长。

三、音乐赏析在中学音乐与思政课程深度融合中的运用

音乐赏析作为中学音乐课程教育活动的重要组成部分，不仅可以让学生体会音乐作品中所蕴藏的"美"，更能让学生从中明确为什么可以称之为"美"，这也与中学思政课程目标保持了高度一致。为此，在探索中学音乐与思政课程深度融合的道路中，可将音乐赏析作为理想载体之一，在实际运用过程中，基本的实践流程如下：

（一）选择具有思想性和艺术价值的音乐作品

对于教师来说，选择适合的音乐作品用于教学是至关重要的一步。如同以贝多芬的《第九交响曲》为例，这部具有深厚历史背景和思想性的作品，让学生在欣赏音乐的同时，感受到音乐背后所蕴含的人文精神和社会价值。教师在选择音乐作品时，应将以下几个方面考虑进去。

课程的核心目标应始终在教师的心中。选择的音乐作品必须与这些目标相符合。例如，如果目标是让学生理解和平的重要性，那么选择包含强烈和平主题的音乐作品，如贝多芬的《第九交响曲》中的"欢乐颂"就显得非常合适。随后，考虑音乐作品的艺术价值也是十分重要的。艺术性强的音乐作品能够提升学生的审美能力，激发他们对艺术的热爱，同时也更容易引发学生的共鸣，帮助他们更深入地理解作品所要传达的思想。在此之后，教师应考虑音乐作品的历史和文化背景。一部音乐作品的产生往往与其时代背景密切相关，深入挖掘这种关系，不仅可以帮助学生更好地理解作品，也能够拓

宽他们的历史视野，使他们能够从更宏观的角度看待社会和人生。还有一点需要高度注意：教师在选择音乐作品时，还可以适当考虑学生的兴趣和接受程度。选择学生喜欢且能够理解的音乐作品，可以提高学生的学习积极性，让他们更愿意投入到音乐学习中去。

（二）详细解读音乐作品的创作背景和思想内容

音乐作品的创作背景和思想内容，都是理解音乐的关键。它们是音乐作品灵魂的体现，是链接艺术与现实的桥梁。教师在进行音乐教学时，必须注意到这一点，深入研究音乐作品的创作背景，理解音乐作品所承载的思想内容，然后向学生进行详细的解读。以贝多芬的《第九交响曲》为例。这是贝多芬的巅峰之作，也是他的遗作。在创作这部作品时，贝多芬已经完全失聪，他只能在心中听到音乐的声音。这部作品的创作背景，使得它充满了贝多芬的艺术理想和人生哲学，其中的"欢乐颂"主题，更是表达了他对人类的爱和对和平的向往。

在教学中，教师可以详细介绍这部作品的创作背景，比如它是在贝多芬生活的那个时代背景下创作的，那个时代的社会环境和历史事件对贝多芬的创作产生了哪些影响。教师还可以向学生解释贝多芬创作这部作品的初衷，是要表达他对人类的关怀，对和平的向往，对艺术的热爱。接下来，教师可以进一步解读这部作品在历史上产生的影响，它是如何影响后世的音乐创作，是如何被世人所接受，如何成为人类文化遗产的一部分。教师还可以引导学生思考，这部作品对于他们个人，对于他们理解社会、理解历史、理解人生有什么启示。通过详细解读音乐作品的创作背景和思想内容，教师不仅可以提升学生对音乐的理解和欣赏能力，还可以拓宽他们的历史视野，丰富他们的思想内涵，提升他们的人文素养。这是音乐教育的重要目标，也是音乐教育的真谛。

（三）引导学生深度赏析音乐作品

音乐赏析是音乐教学中的核心环节，它能帮助学生更好地理解音乐作品，体验音乐的魅力，提升自身的审美情趣。教师在进行音乐赏析教学时，需要设计一些活动，引导学生深度赏析音乐作品。以贝多芬的《第九交响曲》

为例，教师可以设计一次专门的赏析活动。在活动开始之前，教师需要对学生进行必要的引导，帮助他们理解到，音乐赏析不仅是听，更是感知、理解、体验。

在活动中，教师可以让学生尝试在聆听《第九交响曲》的过程中，关注其音乐形象、音乐语言以及音乐中的情感表达。例如，学生可以尝试感知这部作品中旋律的流动、音乐的节奏、乐器的音色等音乐形象；他们可以尝试理解作曲家运用的音乐语言，如音乐的动态、音乐的调性、乐句的结构等；他们还可以尝试体验音乐中的情感表达，如欢快、悲壮、兴奋、平静等。教师在活动中，可以引导学生分享自己的赏析感受，如他们听到了什么，感受到了什么，理解到了什么。通过分享，学生可以增加自己的理解深度，扩大自己的审美视野，提升自己的赏析能力。在赏析活动结束后，教师可以引导学生深入思考，理解音乐作品中蕴含的人生哲理。例如，《第九交响曲》中的"欢乐颂"，其实是贝多芬对人类的爱、对和平的向往、对艺术的热爱的体现。这些都是深刻的人生哲理，值得学生去思考，去体验。

（四）鼓励学生分享和交流赏析心得

鼓励学生分享和交流赏析心得是提高学生音乐赏析水平和人际沟通能力的重要方式。在每个人心中，音乐都有不同的声音，不同的意义，也有不同的感触。在课堂中，能够听到其他同学的心声，是一种无比珍贵的体验。那么在实际操作过程中，教师如何鼓励学生分享和交流赏析心得呢？具体操作包括四个步骤：

一是让学生有足够的时间和空间来赏析音乐作品。在听完一段音乐之后，可以让学生自由写下他们的感受，不限于形式，可以是诗歌，可以是故事，可以是绘画，也可以是自由写作。这样的方式，可以让学生以自己最熟悉、最舒适的方式来表达自己的感受。二是在学生有了一定的赏析成果后，可以邀请愿意分享的学生上台，把他们的赏析心得，以口头或者其他形式展示出来。这时，教师的任务是创造一个安全、包容、支持的环境，让每个学生都有发言的权利，有表达的自由。三是在学生分享的过程中，教师可以适时地提问和引导，以帮助学生更深入地理解音乐作品，更全面地表达自己的感受。对于那些羞于表达但又有自己独特见解的学生，教师可以进行一对一的交谈，鼓励他们勇敢地说出自己的想法。四是教师和每个同学都可以对别人的分享提出自己的看法，给出建议，或者发表自己的见解。这种方式，可以让学生学会尊重他人的观点，理解他人的感受，增强他们的同理心和人际交往能力。

（五）将音乐赏析与实际社会情境联系起来

让学生将音乐赏析与实际社会情境联系起来，可以使他们更好地理解音乐作品背后的思想含义，并能在实际生活中运用这些思想。在具体实践中，教师可采用以下四个步骤：

一是设定赏析主题。例如，赏析的音乐作品是《第九交响曲》中的"欢乐颂"部分，赏析主题就可以设定为"和平与友爱"。教师需要解释这个主题的意义，让学生明白为什么要进行这样的赏析。二是教师可以让学生聆听音乐，并让他们关注与主题相关的部分。例如，可以让学生注意"欢乐颂"中的歌词，理解其中关于和平与友爱的表达。同时，教师也可以让学生关注音乐节奏与旋律的和谐，以及音乐对情感的表达等方面，帮助他们更深入地理解音乐作品。三是在赏析过程中，教师需要引导学生将音乐作品中的思想与当前社会情境联系起来。例如，教师可以引导学生思考在现实生活中如何实践和传承"友爱与和平"的理念。在这个过程中，教师可以邀请学生分享自己的看法和想法，并鼓励他们提出解决问题的办法。四是完成赏析后，教师可以让学生以写作的形式总结自己的赏析心得，并把自己的思考结果与其他同学分享。这样的方式，可以让学生有机会倾听其他同学的观点，开阔自己的视野。通过这样的实践操作，不仅能让学生更好地理解和欣赏音乐作品，同时也能让他们对现实生活有更深入的思考，提升他们的社会责任感和公民素养。

四、音乐创作比赛在中学音乐与思政课程深度融合中的运用

音乐创作比赛作为中学音乐课堂较为新颖的教学形式，不仅可以有效调动起学生课堂学习的积极性和主动性，还有助于学生各方面能力与素质的全面发展。所以，在探索中学音乐与思政课程深度融合的道路中，音乐创作比赛完全可以作为理想的载体，具体运用过程应涉及以下五个步骤：

（一）设定比赛主题

确立音乐创作比赛的主题不仅为比赛奠定基调，而且还是学生创作灵感的源泉。选择一个具有深刻社会含义和价值的主题，可以让学生从音乐中更深入地理解这些重要的主题。

以"友情"为例，学生可以从自身的生活体验出发，思考友情在生活中的重要性，通过音乐的方式表达对友情的感悟。教师可以建议学生回忆生活中与朋友共同经历的欢乐、感动甚至是挫折，或者让学生试着去理解友情的多样性，比如友情的坚韧、友情的包容、友情的忠诚等。确定主题的同时，也要引导学生思考，每个主题都有其内在的丰富性，友情可以是欢乐的，也可以是悲伤的，可以是淡然的，也可以是热烈的。这样的主题不仅仅局限于一种情感表达，更可以引导学生从多元的视角去理解和表达。

另外，在设定主题时还要注意到，音乐作为一种艺术形式，具有极大的表达空间和可能性，各种主题都可以在音乐中得到呈现。所以主题的设定不必过于拘泥于现实，也可以引入一些更为抽象或者富有想象的主题，如梦想、希望、未来等，这样可以进一步激发学生的创新思维。

（二）布置比赛任务

布置比赛任务的过程是实现音乐创作比赛目标的关键。在这一环节中，学生被要求以比赛主题为引导，开始他们的音乐创作。通过布置比赛任务，教师引导学生将主题思想与音乐创作结合，培养学生的创新思维和表达能力。

在具体操作时，教师可以要求学生以乐器演奏或是用电脑软件进行音乐创作。例如，如果学生选择钢琴，他们可以通过演奏的音色、速度和力度来传达主题。如果使用电脑软件，他们可以利用数字音乐工具进行编曲，通过不同的音效和节奏，构建出富有主题色彩的音乐作品。还有一点需要得到高度重视，即：在布置任务的时候，重点在于鼓励学生表达自己的想法和感受，而不是制定固定的格式和要求。例如，在"友情"这个主题下，学生可以自由地描绘他们眼中的友情，不论是欢快的旋律，还是悲伤的旋律，都能够展现友情的多元面貌。并且教师还应关注学生的创作过程，给予他们必要的指导和帮助。例如，一旦学生在乐器选择或音乐创作上遇到困难，教师可以提供一些专业建议和技巧，帮助他们顺利完成任务。

（三）提供赛前指导

提供赛前指导是音乐创作比赛中不可或缺的环节，这能够帮助学生在创作过程中有方向地思考和行动。在创作的过程中，教师的角色不仅是指导者，还是激发学生创新思维的引导者。

在实践操作过程中，教师可以依据学生的需求，以及音乐创作比赛的主题，为学生提供必要的指导和帮助。其中，教授基本的音乐理论知识是重要的一环。例如，让学生了解基本的音乐符号、音乐形式、和声知识等，使他们在创作时有一定的理论依据，从而更自如地表达自己的情感。另外，教师还要提供创作技巧和方法也是有效的赛前指导。例如，教师可以分享如何构建主题旋律，如何通过和声色彩表达情感，以及如何利用音乐元素塑造音乐形象等技巧。通过学习这些技巧，学生可以更好地掌握音乐创作的方法，从而提升创作的水平和效果。为了帮助学生更深入地理解比赛主题，教师还可以给出一些有关主题的引导性问题。例如，如果比赛主题是"友情"，教师可以引导学生思考：友情在你生活中是什么样子的？你是如何体验到友情的？你如何用音乐来表达这种感受？这样的问题不仅能帮助学生深入思考主题，也能激发他们的创作灵感。

（四）有效组织比赛

组织比赛是整个音乐创作比赛流程中的重要环节，其目的旨在让学生展示他们的作品，让所有人欣赏学生的创新思维和艺术表达。通过有效的比赛组织，学生不仅能够得到展示自我和接受评价的机会，也能在过程中感受到成就感和自我提升。

为了保证比赛的顺利进行，有序地安排是非常关键的。可以按照学生提交作品的时间，或是事先的抽签结果，确定每位参赛者的表演顺序。在比赛开始之前，应对比赛规则进行明确的解释，包括评分标准、比赛流程，以及各类可能出现的问题的解决方案。比赛开始后，可以让学生依次展示他们的作品，让他们通过音乐，将自己对比赛主题的理解和感悟呈现出来。观众可以在欣赏学生作品的同时，了解到他们的创新思维和艺术表达，体验音乐带来的魅力和感动。在比赛过程中，教师可以担任评委，对学生的作品进行评价。评价时应充分考虑作品的创新性、艺术性、主题表达力等因素。对优秀的作品给予高度的赞赏，对需要改进的地方提出建设性的建议，帮助学生明确自己的优点和不足，从而有针对性地提升自己。

（五）通过比赛为学生提供反馈

比赛结束后，教师的角色并未结束，反而进入了一个更为重要的阶段——为学生提供反馈和评价。这是一个很好的机会，通过具体的评价，可以帮助学生明确他们的创新思维和表达能力的强项和短板，从而指导他们在未来的创作中有所改进。其间，教师应该为学生提供反馈，不仅要客观公正，还要具有启发性和建设性。反馈时，可以结合学生在比赛中的表现，依据作品的创新性、艺术性和主题表达力等标准，为学生的创作成果做出公正的评价。在这里，也要注意将反馈的重心放在学生的成长上，肯定他们的努力和进步，而非仅仅关注比赛的结果。

在回馈过程中，教师应尽量实现具体到每位学生的创作，教师应详细分析其作品的亮点和需要改进的地方。如果作品在音乐创新上有独特之处，那么应当予以高度赞扬，激励他们保持这种创新精神。如果在某些方面存在不足，比如主题表达不够明确，或者乐曲结构不够严谨等，那么应当提出具体、可操作的建议，帮助他们在下次创作中做得更好。另外，教师还可以将比赛结果与学生的日常学习和生活经验相联系，提供一些更深层次的反馈。例如，通过学生创作的音乐作品，教师了解到他们对比赛主题的深入理解，或者他们在日常生活中的一些感受和思考。这种反馈不仅可以帮助学生更好地理解自己，也可以启发他们在未来的学习和生活中继续发展创新思维和表达能力。

五、音乐节或音乐会在中学音乐与思政课程深度融合中的运用

就中学（高中）音乐新课程改革所提出的新要求而言，音乐节或音乐会无疑是教学活动高质量开展的理想载体，在促进学生审美取向和思想道德素质全面发展中有着特殊的意义。对此，在以音乐节或音乐会为载体，全面实现中学音乐与思政课程的深度融合的过程中，应精心选择具有重要历史事件或主题的表演内容，并通过创新的演出形式与舞台呈现来提升音乐作品的艺术表现力与感染力。同时，音乐节或音乐会的设计应设置互动环节，以促进

观众与演出之间的互动与交流。并且，还要进一步拓展学生的视野，设置展览与展示环节，以此为中学音乐与思政课程的深度融合提供理想的契机。

（一）选择具有重要历史事件或主题的表演内容

在实践过程中，具体操作在于教师应先通过研究历史事件或主题的背景知识，选择与之相关的音乐作品。以庆祝建党百年为例，教师可以挑选一些具有代表性的音乐作品，如《红旗颂》和《义勇军进行曲》等。这些音乐作品在历史背景下产生和流传，与建党百年的主题紧密相连。随后教师需要考虑音乐作品的艺术性和表演效果。选择具有高艺术水平和感染力的音乐作品，可以更好地吸引观众的注意力，让他们深入体验音乐作品所传递的情感和意义。教师可以组织学生进行音乐排练和演出指导，确保演奏的质量和表现力。

在这里，教师要注意与学校的音乐部门或学生音乐团队合作，共同策划音乐会。通过专业音乐人员的指导和协助，提升音乐会的艺术水平和表现效果。同时，教师可以鼓励学生参与音乐会的策划和组织工作，培养他们的团队合作和组织能力。例如，在庆祝建党百年音乐会中，学生们演奏《红旗颂》这首具有深厚历史意义的音乐作品。他们通过精湛的演奏技巧和凝聚的合奏，将这首音乐作品的力量和激情传达给观众。此外，教师还组织了相关的课堂讨论和研讨活动，引导学生深入了解中国共产党百年奋斗历程中的重要事件和人物，加深对音乐作品背后意义的理解。

（二）通过演出形式和舞台呈现来增强音乐作品的艺术表现力和感染力

在实践中，通过演出形式和舞台呈现音乐作品的艺术表现力和感染力，可通过邀请学生参与合唱团、乐器演奏和舞蹈表演等形式来实现。其间，可以让音乐作品中的思想和情感得到充分表达。通过合唱团的合唱，学生们可以集体地传达主题的情感，展示对建党百年历史的热爱和祝福。乐器演奏则通过精湛的技巧和情感的准确表达，将音乐作品的艺术性和感染力传递给观众。舞蹈表演通过动作和形态，将音乐作品中所表达的情感和思想转化为身体的表达，增强观众的共鸣和理解。

例如：在"庆祝建党百年音乐会"中，学生积极参与合唱团、乐器演奏和舞蹈表演。合唱团通过演唱《我和我的祖国》，传递了对祖国的热爱和对建党百年的祝福。乐器演奏团通过演奏具有历史意义的乐曲《红星闪闪》，展现了精湛的演奏技巧和情感的准确传达。舞蹈团则通过编排富有创意和表现力的舞蹈，将对建党百年历史的理解和敬意转化为身体的表达。这样的操作可以使学生深入理解音乐作品背后的意义和情感，并通过个人或团体的表演，将其转化为自己的情感体验和表达。这进一步增强了音乐作品的艺术表现力和感染力，让观众深受音乐的魅力和情感的触动。

（三）为音乐节或音乐会设置互动环节

实践中的具体操作在于通过组织学生参与问答环节，与观众互动分享音乐作品的背景知识、创作理念和艺术特点，可以激发学生的思考和讨论，促进他们对音乐作品的深入理解和思想交流。具体而言，可以在音乐节或音乐会的安排中设置一个专门的互动环节，安排学生与观众进行问答交流。例如，演出开始前，主持人可以邀请学生上台，介绍他们演绎的音乐作品，包括作品的创作背景、表达的主题和情感，以及音乐风格和艺术特点等方面的内容。观众可以提出问题，与学生进行互动，了解更多关于音乐作品的细节和背后的故事。

在问答环节中，学生可以通过回答问题来展示他们对音乐作品的理解和解读。他们可以分享作品中的创作灵感、音乐表现手法以及与主题相关的情感体验。此外，学生还可以借助视听资料、图表、图片等辅助工具来解释和展示音乐作品的特点和意义，以更加生动和具体的方式与观众互动。例如，在一场"庆祝建党百年音乐会"中，学生们可以选择演奏一首反映中国共产党奋斗历程的音乐作品。在互动环节中，学生们可以向观众介绍这首音乐作品的背景，比如作曲家、创作年代和创作动机等。观众可以提问关于作品表达的意义、音乐元素的运用以及演奏过程中的技巧等方面的问题。学生们则通过回答问题，与观众分享他们对作品的理解和感受，引发观众对音乐作品的深入思考和探讨。

（四）在音乐节或音乐会中设置展览和展示环节

实践中，教师可以事先准备好与音乐作品相关的展品。例如，如果音乐节或音乐会的主题是庆祝建党百年，那么展览和展示环节可以包括与中国共产党历史相关的图片、文字介绍、文物或实物等展品。这些展品可以展示中国共产党的奋斗历程或重要事件等，以帮助学生更加深入地理解音乐作品所表达的主题和情感。

为了确保展览和展示环节的效果，可以在音乐节或音乐会的场地中设置专门的展览区域或展示柜台。在这些区域中，可以将展品有序地陈列，配以清晰的文字说明和标签，以便学生和观众浏览和了解。除了上述做法，教师还可以利用现代科技手段，如投影仪或触摸屏等设备，展示与音乐作品相关的多媒体资料，如影像、音频或视频等，以提供更丰富的展示方式。例如，在一场音乐节中，主题为探索自然与人类的和谐关系。为了配合音乐作品的表演，可以在场地中设置一个专门的展览区域，展示自然与人类和谐关系的图片、文字介绍和实物展品。再如，可以展示一些描绘自然景观的摄影作品、展示一些传统农耕工具，或者展示一些环保意识的宣传资料。通过观赏这些展品，学生可以进一步了解音乐作品所呈现的主题，同时也能够加深对自然与人类关系的思考和认识。

六、音乐教育公益活动在中学音乐与思政课程深度融合中的运用

中学音乐与思政相融合的教育意义和价值主要体现在两个方面。一是学生发掘、体会、欣赏美的能力得到全面发展；二是思想道德素质和价值观念能够得到全面提升。为了达到这一目的，在中学音乐课程教学活动中，以音乐教育公益活动为载体对学生加以变相引导和启发就应视为一项重要工作，具体实践操作应包括以下四个方面：

（一）鼓励学生选择适合特殊群体的音乐作品

这一环节需要学生进行音乐作品的筛选和研究，以确定适合特殊群体的曲目。其中，对于老年人，学生可以选择一些经典的怀旧歌曲作为演奏曲目。这些歌曲具有浓郁的情感和回忆的力量，能够唤起老年人的美好回忆，并带给他们温暖和愉悦的感受。例如，学生可以选择演奏《月亮代表我的心》

或《友谊地久天长》等经典曲目，这些歌曲广为人知，具有较高的认知度和共鸣力。

对于特殊群体而言，学生可以选择一些温暖感人的曲目来表达对他们的关怀和支持。这些曲目可以传递友爱、希望和鼓舞的情感，让特殊群体感受到社会的关爱和温暖。学生可以选择演奏一些具有正能量的音乐作品，如《阳光总在风雨后》或《爱的奉献》等，这些曲目能够激发特殊群体的积极情绪和信心。

在选择音乐作品时，学生需要深入理解曲目的背景、音乐特点以及与特殊群体的联系。通过对音乐作品的研究，学生可以更好地理解曲目所表达的情感和意义，从而更好地传递给特殊群体。他们可以通过分析歌词、音乐结构和情感表达方式等方面的要素，深入挖掘曲目的内涵和价值，并将其转化为自己的音乐表达和演奏风格。与此同时，不仅丰富了中学音乐与思政课程的内容，也培养了学生的社会责任感和人文关怀精神。

（二）组织学生进行合唱团或乐团表演

在实践操作过程中，学生需要有充足的时间进行排练和练习。安排定期的集体排练，确保学生能够协调演奏和配合。此外，还可以鼓励学生进行个人练习，提高个人的音乐技巧和表现能力。指导者应该提供必要的指导和反馈，帮助学生克服困难并改善演奏质量。

在合唱团或乐团表演中，团队合作和协调是非常重要的。学生需要学会倾听他人、与他人协作，并在音乐演奏中找到彼此的默契。组织团队建设活动，加强学生之间的互动和信任，有助于提高团队的凝聚力和合作效果。并且在舞台表演过程中还要鼓励学生注重情感表达和舞台表现，让音乐作品传递出深层次的情感和意义。帮助学生理解曲目的情感内涵，通过音乐的表情和动态来表达其中的情感。同时，鼓励学生通过身体语言、眼神交流和与观众的互动，创造出与观众之间的情感共鸣。

（三）由学生为公益活动受众群体提供音乐教育指导

在实践操作过程中，教师先要鼓励学生深入了解目标受众群体的特点、需求和兴趣。例如，为视觉障碍者提供音乐教育，学生可以了解他们对声音

的敏感度和音乐体验的特殊需求。为智力发展迟缓的孩子提供音乐教育，学生可以了解他们的学习方式和音乐能力的发展特点。通过了解受众群体的个体差异，学生可以更好地设计教学内容和方法。

随后在音乐教育过程中，学生需要向受众群体提供个性化的指导和支持，以满足受众群体的学习需求。这可以通过一对一的辅导、小组合作学习或团体课堂等形式实现。学生应该注重与受众群体的沟通和互动，关注他们的进展和困难，并根据个体差异提供相应的帮助和支持。

（四）有效组织互动活动和交流

在实践中的具体操作应包括四个方面：一是学生应设计各种互动活动形式，以激发特殊群体的参与和兴趣。例如，他们可以组织问答环节，让特殊群体参与回答与音乐作品相关的问题，分享自己的观点和感受。此外，还可以设计互动游戏、小组合作活动或现场表演等形式，让学生与特殊群体共同参与和体验音乐的乐趣。二是在互动活动中，学生可以分享音乐作品背后的故事和意义。他们可以讲述作曲家的创作背景、音乐作品所表达的情感或与特殊群体相关的主题和故事。通过分享这些信息，可以增加受众群体对音乐作品的理解和共鸣，引发更深入的讨论和交流。三是在互动活动中，学生应该鼓励特殊群体表达自己的观点和感受。他们可以提出问题，鼓励受众群体分享自己对音乐作品的理解、喜好或相关的个人经历。学生应该倾听和尊重特殊群体的意见，给予积极的反馈和鼓励，营造一个开放和包容的交流环境。四是促进学生与特殊群体之间的情感交流和互动体验。学生应该关注特殊群体的情感需求，通过互动活动表达关爱和关怀。他们可以通过音乐演奏、歌唱或共同参与音乐创作等方式，创造出共同的情感体验和联系。

第五节 依托思政维度建立并完善中学音乐课程评价体系

在中学音乐课程与思政课程的深度融合过程中，依托思政维度来建立并完善音乐课程评价体系是较为重要的保障条件。对此，这就需要广大从业人员从思政的角度出发，重新明确中学音乐课程评价的目标，确立评价标准，制定评价原则，并有效选择评价主体与方法。同时，教师需要建立一个立足思政维度的音乐课程评价指标体系，以实现音乐课程与思政课程的有效融合，具体实践路径如图 6-5 所示。

图 6-5　思政课程融合视角下的中学音乐课程评价体系构建路径

一、站在思政维度重新明确中学音乐课程评价的目标

在中学阶段，音乐与思政课程的深度融合，将成为推动学生全面发展的重要路径。其中，确立正确的音乐课程评价目标，是实现深度融合、培养具有社会责任感和民族精神的音乐人才的关键一步。本书将围绕推动文化价值理解与实践、多元化的评价方法、课程和教学过程的反馈与调整以及促进学生音乐素养的全面发展这四个方面，深入探讨在音乐与思政课程融合过程中，音乐课程评价目标的确立问题。

（一）推动文化价值理解与实践

音乐，作为一种艺术形式，与中华优秀传统文化有着深厚的联系，是传统文化的重要载体之一。在高中音乐课程的评价中，我们应重视并加强对中华优秀传统文化的学习和理解，以此为基础，践行社会主义核心价值观，实现立德树人的根本任务。音乐课程不仅是技术性的，还应涵盖文化、道德、社会等多元化的价值观。评价过程中，应注重学生对中华传统音乐文化的理解和欣赏，鼓励他们从中汲取精神营养，提升自身的道德素养和文化素养，进而为其终身发展奠定坚实的基础。

（二）多元化的评价方法

就以往而言，中学音乐课程的评价往往过分强调甄别与选拔，过于依赖单一的考试或考察方式。然而，这种做法往往无法全面地反映学生的音乐能力和素养。因此，我们应该改变这种做法，认真制定评价量规的指标和内容，把握好评价的信度和效度，使教学评价指标更符合人才培养的要求。例如，我们可以在课堂表现、音乐作品创作、团队协作等多个维度进行综合评价，以反映学生的全面素质和实际能力。

（三）课程和教学过程的反馈与调整

在中学音乐课程活动中，应不断加强日常教学评价的改革，将形成性评价和终结性评价相结合，充分发挥评价对课程和教学过程应有的检测、反馈、调节作用。形成性评价通过持续的、系统的评估，为教师和学生提供反馈，以便调整教学和学习策略，提升学习效果；而终结性评价则是对学生的总体学习成果进行评估。这种结合起来的评价方式，能更有效地推动音乐课程的实施与改革。

（四）促进学生音乐素养的全面发展

中学音乐教育的最终目标应是提高学生的音乐素养，包括技术技能、审美能力、创新意识、文化理解等多方面。因此，我们需要完善学校音乐教学的评价体系，充分认识音乐学科的教育功能，开齐、开足国家课程标准规定的课程，保障音乐学科教学的规范实施，构建以促进学生学科素养发展为最终目标的评价体系。只有这样，我们才能真正实现音乐教育的价值，让音乐教育在中学阶段起到应有的作用，助力学生的全面发展。

二、立足思政维度确立中学音乐课程评价的标准

由于音乐课程评价标准在中学音乐与思政课程深度融合过程中，发挥着关键性作用，所以在中学音乐课程评价体系的构建过程中，立足思政维度建

立课程评价标准就成为至关重要的一环，并且可以直接影响中学（高中）音乐课程改革的实施效果。因此，接下来就针对思政维度下的中学音乐课程评价标准的制定做出系统论述。

（一）立足音乐课程评价标准全面落实音乐教育国家课程方案

在制定中学音乐课程评价标准的过程中，全面落实音乐教育国家课程方案是关键考量因素。按照《关于全面深化课程改革 落实立德树人根本任务的意见》的指导，制定评价标准的主旨应为实现"立德树人"这一重要目标。在这个过程中，音乐课程评价标准的制定不仅需关注音乐知识和技能的传授，更涵盖了音乐教育在培养学生道德素质、人格品质和社会责任感方面的重要作用。音乐教学的每个环节，无论是教学内容、教学方式还是学生的学习任务，都需体现"立德树人"的核心要求。这需要教师以富有热情和责任感的教育态度，灵活运用多元的教学策略，激发学生对音乐的热爱，引导他们深入理解和实践社会主义核心价值观，使其成为他们思考和行为的内在规范。音乐课程的评价标准应该体现出这种教育理念，强调的不仅是音乐技能的掌握程度，而且还衡量学生在课程学习过程中是否得到全面的人格发展，是否能够积极实践社会主义核心价值观，以及他们对音乐艺术的理解和欣赏是否得到提升。这样的评价标准不仅有助于提升音乐教育的质量，更有助于促进学生的全面发展，落实"立德树人"的根本任务。

（二）依托音乐课程评价促进教育改革

中学音乐课程评价在教育改革中起着重要的推动作用，是因为其不仅关注音乐知识和技能的传授，同时也关注学生思政素养的提升。音乐课程的评价标准制定和实施过程，反映了学生的音乐知识技能与思政素养的综合表现，这一过程促进了音乐课程与思政课程的深度融合。音乐教育作为一种综合性教育，具有培养学生情感、审美和创新能力的独特优势。通过音乐课程，学生可以在欣赏和创作音乐的过程中，理解和践行社会主义核心价值观，提升他们的思想道德素养。音乐课程评价标准的制定，就是为了评估这一过程的有效性，检查学生的思政素养提升情况，评估音乐课程与思政课程融合的深度。这也意味着中学音乐课程评价标准的制定和实施，不仅是对音乐课程改革的反馈和检验，同时也是对音乐课程与思政课程融合情况的评估和监控。如果评价结果表明学生的音乐技能和思政素养都有所提高，那么就说明音乐课程与思政课程的融合取得了成功。反之，如果评价结果表明学生的音乐技能或思政素养未能达到预期目标，那么就需要及时调整教学策略和方法，改进音乐课程与思政课程的融合方式，进一步推动教育改革的深入进行。

（三）根据中学（高中）音乐课程改革实际情况革新课程评价标准

面对音乐教育在中学（高中）课程改革中所面临的挑战，包括专职音乐教师综合素养的提升需求，以及音乐课程开设得不全面等问题，制定音乐课程评价标准时必须进行全面的考量。在制定这些评价标准时，需要尽量实现切实可行性，既要符合音乐教育的专业特性，同时也要紧贴学校的实际情况，做到有的放矢。中学音乐课程评价标准的制定，要能反映音乐教育的特性。音乐教育不仅包括音乐知识和技能的学习，还包括审美情感的培养、人文精神的陶冶以及社会主义核心价值观的内化。因此，音乐课程的评价标准需要覆盖到这些方面，评估学生在音乐学习过程中的全面发展。除此之外，中学音乐课程评价标准的制定，也要与学校的实际情况相结合。考虑到部分学校存在专职音乐教师短缺、音乐课程开设不全等问题，音乐课程评价标准需要制定得更具弹性，以适应不同学校的实际情况。例如，评价标准可以更注重评估学生的学习进步和成长，而非单纯的学习成绩；可以增加对音乐课程实施情况的反馈，以促进课程的持续改进。

（四）立足音乐教学评价制度促进中学音乐课程深化改革

在推动课程深化改革的过程中，中学音乐教学评价制度的建立起着重要的制度保障作用。音乐课程评价标准的制定，不能只是简单地对学生的知识和技能进行考核，而应该更加深入地关注学生的道德素质和思政素养的培养。这种深度关注，是推动中学音乐与思政课程深度融合的重要途径。音乐教育并非只是关于音乐知识和技能的教授，更重要的是，它能够引导学生进行精神的探索，内化社会主义核心价值观，并培养他们的道德素质。因此，音乐课程评价标准必须包含对学生道德素质的评估，以便能够有效地监督和引导学生在音乐教育中达到立德树人的目标。另外，音乐教育也可以通过培养学生的审美情感和人文精神，提升他们的思政素养。音乐是一种能够直接触动人心的艺术形式，它可以通过激发学生的感情，提升他们的情感共鸣，进而加强他们对社会主义核心价值观的理解和接受。因此，音乐课程评价标准也需要对学生的思政素养进行评估。

三、结合思政维度制定中学音乐课程评价的原则

在深入探索中学音乐课程评价的新途径时，不得不面临一个重要的实践问题：如何结合思政维度来优化评价模式。这就需要我们重新审视传统的音乐教学评价体系，打破固有的评价范式，重新构建一种符合当代中学生需求、兼顾音乐教育和思政教育特性的评价原则。其中，和谐的师生关系、引导学生思维、延缓评价、多样化的评价方式、多角度评价和评价主体多元化，都是在构建这一新型评价原则中应该重点考虑的要素。

（一）和谐的师生关系

在思政课程的音乐课堂中，和谐的师生关系被视为成功教学的基础。对于中学生来说，教师不只是知识的供应者，更像是一个引路人，引领他们在价值观念的形成过程中找到正确的方向。这样的角色使得教师在课堂上不可或缺，他们的言行对学生产生深远影响。

在课程评价过程中也需要关注学生的心声，尊重他们的观点和感受。这并不意味着无条件地接受学生的所有想法，而是鼓励他们勇于表达，然后引导他们对自己的想法进行批判性思考，从而帮助他们更好地理解音乐和思政的关系，以及如何通过音乐来表达他们对社会和文化的理解。

（二）引导学生思维

音乐课程为中学生提供了一个非常好的平台，让他们能够用音乐表达自己对社会、文化和人生的理解。在这个过程中，引导学生思维的角色至关重要。音乐不仅仅是一种艺术形式，更是一种通过声音传达情感和观念的方式。因此，教师需要通过激发学生的创新思维，帮助他们在音乐的世界中找到自己的声音。

在音乐课堂中，学生不仅要学习如何演奏乐器、如何欣赏音乐，更重要

的是学习如何通过音乐表达自己。这就需要教师鼓励学生尝试创新，不怕失败，勇于表达自己的独特见解。教师应该为学生创造一个宽松的学习环境，让他们有机会自由探索、大胆尝试，从而在实践中锻炼他们的思考能力和创新能力。

（三）延缓评价

音乐是一种需要深度沉浸和个人理解的艺术形式，同样地，思政教育的内涵理解与体认也需要时间的沉淀和深度思考。课程评价，作为一种反馈机制，有其固有的时效性，然而，对学生的评价不应急于求成，应鼓励学生有充足的时间去反思、消化和吸收所学知识。

在中学音乐课程中，延缓评价的实施可以让广大学生有更多的机会去反思自己的表现和作品，更深入地理解音乐背后的情感和意义。例如，学生在完成一首乐曲的创作后，教师可以给予一段时间让他们自我审视，通过与同伴的交流、反复的琢磨和改进，去寻找音乐的内在韵味，进一步提升自己的表达能力。

（四）多样化的评价方式

音乐课程评价方式的多样化至关重要，可以对学生的多维度能力进行全面的考察与激发。例如，教师可以评价学生的演奏技巧，这包括他们是否掌握了基本的音乐知识，如音阶、和声等，并能将其运用到实践中，是否能准确、流畅地演奏乐器。这是评价学生音乐技能的基础。

然而，中学音乐教育的目标不仅在于技巧的培养，还在于培养学生的音乐欣赏和理解能力，激发他们的音乐创作才能。音乐是一种情感的表达，是一种文化的反映，因此，教师应当评价学生对于乐曲的理解程度，他们是否能感知到乐曲背后的情感，是否能理解乐曲所反映的文化背景。还有一点较为重要，即：中学音乐课程的评价还应结合思政教育的内容，评价学生是否能通过音乐创作和表演来传达出社会主题，是否能够将思政教育的知识应用到音乐创作中。例如，教师可以让学生通过创作一首反映社会问题的歌曲，来展示他们对于社会公正、公民责任等思政教育内容的理解和应用。

（五）多角度评价

中学音乐课程评价应注重多角度评价，让评价更符合教育的个性化和多元化原则。这样的评价方式有助于更准确地理解每个学生的能力、特长和兴趣，从而更好地提升他们的学习动力，发掘他们的潜力。

在课程评价的过程中，应考虑学生的个性，认识到每个学生都是独特的。他们有不同的音乐天赋，有些学生可能擅长演奏，有些学生可能更具有创作才能，有些学生可能对音乐理论有独特的见解。因此，教师需要根据学生的个性和特点进行评价，而不是"一刀切"地对所有学生进行同样的评价。这样，不仅能更公正地评价学生，也能激发他们的学习兴趣，发挥他们的特长。更重要的是，音乐课程的评价也需要结合思政教育。音乐是一种艺术，可以表达情感，反映社会，因此，音乐课程中的思政教育是不可忽视的。教师在评价学生时，应考察学生的思政素养，看他们是否能理解和接受课程中的思政教育内容，是否能通过音乐表达出自己对社会、文化的理解和批判。

（六）评价主体多元化

评价主体多元化是音乐课程评价中的重要原则，其中包括教师评价、学生自我评价以及同伴评价。这种方式使评价更加全面，能够对学生的学习状况有更准确的了解，同时也能促进学生的主体性发展。

教师评价通常聚焦于学生的表现和进步，负责主导评价方向，但学生自我评价和同伴评价也是不可或缺的部分。学生自我评价能够让学生反思自身的学习过程和成果，不仅关注自身技能的掌握情况，也反思对于课程思政内涵的理解与表达。自我评价可以提高学生的自我认识能力，帮助他们发现自己的优点和需要改进的地方，更好地制订个人学习计划。

四、针对思政维度有效选择中学音乐课程评价的主体与方法

在思政维度下的中学音乐课程评价中，有效选择评价主体与方法显得尤为重要。这两者相互关联，共同塑造了评价的全面性与深度。这无疑为广大教师提供了在探索思政教育与音乐课程评价之间的紧密联系的工具和视角，为我们深入理解和解决相关问题打下坚实的基础。

（一）评价主体的确定

在当代中学音乐教育中，思政教育与音乐教学的融合正在成为新的趋势。为此，我们需要重新定义和澄清评价主体的角色和责任，以适应这一变化。在这个过程中，学校、思政课程教师、音乐课程教师、学生、家长等都是评价主体，他们各自扮演着不同的角色，贡献着各自的力量。这就引发了我们需要深入思考的问题：这些主体如何协同工作，以实现音乐课程和思政课程的有效融合，进而促进中学生的全面发展。

1. 学校

作为音乐课程的组织者和管理者，学校在评价过程中起着至关重要的作用。学校的教育行政部门，如教务处或者课程发展办公室，需要针对音乐课程的设计、实施和改进进行全面、系统的评价。学校要充分利用教师、学生和家长的反馈，来调整和优化课程，确保课程质量和教学效果。学校还需要与外部教育机构、研究机构合作，引入先进的评价理念和方法，以提升评价的科学性和公正性。

2. 思政课程教师

他们是思政教育的专业人士，不仅要向学生传授思政知识，也要引导学生形成正确的价值观和人生观。他们的评价重点是学生的思政素养，包括学生对于社会主义核心价值观的理解和接受程度，对社会问题的思考和解决能力，以及社会责任意识和公民素养等。将其作为中学音乐课程与思政课程融合中的评价主体，必然会提高评价的专业性。

3. 音乐课程教师

他们是专业的音乐教育者，需要评价学生的音乐知识和技能，包括乐理知识、演奏技术、音乐欣赏能力、音乐创作和音乐表达能力等。此外，音乐课程教师还需要注意学生的情感和态度，观察他们是否喜欢音乐，是否愿意通过音乐来表达自己的思想和感情。

4. 学生

学生是课程的主体，他们的感受和反馈对于课程评价至关重要。学生需要通过自我评价来反思自己的学习过程，识别自己的优点和不足，制定个人的学习目标和计划。他们也可以通过同伴评价来互相学习、互相鼓励，提高自己的合作和交流能力。除此之外，学生也会根据课程教学中的真实感受，客观表达出自己对音乐课程的满意度，由此能够为中学音乐与思政课程的深度融合提供客观的依据。

5. 家长

家长作为学生学习的重要支持者和合作伙伴，他们的观察和反馈对于课程评价较为重要。家长需要关注孩子的学习态度和进度，监督孩子的学习行为，提供必要的家庭支持。同时，家长也应该通过与学校和教师的沟通，参与到学校的教育活动中来，共同促进孩子的全面发展。

（二）评价方法的选择

随着中学音乐教育的发展和思政教育的渗透，我们越来越认识到评价方法的多元性和复杂性。模糊综合评价法、层次分析法、德尔菲法、360度反馈评价法等多种评价方法在这一领域得到了广泛的应用。它们分别有自己的优势和特点，适应了中学音乐课程和思政课程融合的多元需求。这就引出了我们必须关注的问题：如何使用这些评价方法，以便更好地满足我们的教学和评价目标。

1. 模糊综合评价法

这种评价方法可以处理学生在音乐和思政学习过程中出现的不确定因素。通过模糊数学中的模糊转化和模糊综合评判，可以得出学生的音乐和思政素养的综合评分。此方法能更公正地反映学生的全面能力，避免因单一指标评价导致的偏差。

2. 层次分析法

该评价方法能帮助教师制定出一套完整的评价体系，通过为不同的评价标准和子标准设置权重，然后综合分析，得出学生的总评分。在音乐和思政课程的融合中，这种评价方法可以有效地平衡两个学科的评价标准。

3. 德尔菲法

这是一种通过多轮问卷调查和反馈，收集和分析教师和学生对音乐和思

政课程的观点，最后形成一致意见的方法。这种评价方法可以有效地收集到学生的自我评价和教师的评价，然后进行汇总和分析，以得出一个较为全面的评价结果。

4.360度反馈评价法

这种评价方法主要是通过收集学生的自我评价、教师评价、同伴评价，甚至家长评价等各方面的信息，进行全方位的评价。在思政维度下的中学音乐课程中，这种方法非常有效，因为它可以全面捕捉到学生在音乐技能、创新思维、思政理解等多个维度的表现。另外，这种方法也有助于培养学生的自我反思能力，提升团队合作精神，并能让家长更好地了解孩子在学校的学习状况。

五、立足思政维度建立中学音乐课程评价指标体系

评价指标体系作为课程评价体系的重要组成部分，其完整性更是直接影响评价结果的客观性、综合性、有效性，课程建设与发展的成果必然也会受到直接影响。所以，在中学音乐与思政课程相融合的道路中，确保融合的深度始终保持最大化就必须立足思政维度，建立一套完善的中学音乐课程评价指标体系，以此既可以保障融合的效果能够得到客观而又准确的体现，同时还能为有效优化其融合路径指明方向。其中，具体评价指标体系如表6-1所示：

表6-1　思政维度下的中学音乐课程评价指标体系构成

教学管理	顶层设计	思政课程协同领导机构的设置
	职责划分	职责划分的清晰度
	制度措施	学校制度建设
		评优制度

续　表

教学过程	教学目标	人才培养
		立德树人
	教学大纲	融入思政元素
	教学内容	内容的准确性
		学术的前瞻性
		实践的可操作性
	教学方法	教案的使用
		教学的互动性
		隐性与显性教育的相结合
	课堂管理	教师驾驭课堂的能力
	评价考核	课上随机考核
		考察与考试相结合
	课程资源	教案
		课件
		网络资源
		专家讲解
教师素养	德育意识	理想信念
		道德情操
	专业素养	专业能力
		专业精神
	学术水平	研究成果
		教育价值
教师素养	教学认知	教学设计
		创新能力
		双向沟通与交流
	教学态度	遵守教学纪律
		仁爱之情
		教学反馈
学生成长	学习效果	学业成绩
		学习态度
		品德提升
	学生满意度	"学评教"的结果
		学生的课堂参与度
	个人成长	思想认识的全面深化
		自身价值观念的提升
		德才兼备
		全面发展

根据表 6-1 可以看出，在中学音乐与思政课程深度融合背景下的中学音乐课程评价指标体系基本构成中，评价内容应包括教学管理（学校层面）、教学过程（教师层面）、教师素养（教师层面）、学生成长（学生层面）四个部分。

其中，教学管理层面的评价指标包括组织机构的完善性、职能与责任的明确性、制度的健全性、激励的有效性四个方面，为中学音乐与思政课程的融合提供了强有力的外在保证。教师层面的评价指标主要包括教学目标、教学内容、教学方法、教学资源、教学评价等几个方面，确保中学音乐与思政课程的融合能够保持高度顺利，从而让思政教育在中学音乐课堂教学中能够得到切实渗透。教师素养层面的评价指标主要体现在教师能力与素质方面，其评价结果也是中学音乐教师队伍整体水平的具体呈现，所以评价指标本身的完善性能够为中学音乐与思政课程的深度融合提供良好的"软件条件"。学生层面的评价指标主要体现在学生审美取向、思想道德、价值观念、责任意识的养成效果，其评价结果能够客观反映出中学音乐与思政课程深度融合的总体情况，并且能够为融合路径的及时调整提供客观依据。

第七章　结论与展望

　　研究的最后阶段引领我们进入对"中学音乐与思政课程深度融合的要点总结"以及"中学音乐与思政课程深度融合的未来发展"两个重要主题的深度探索。在这一章节中，将通过对前面的研究成果进行总结，阐述我们对音乐与思政课程深度融合关键要点的理解和认识。同时，还要放眼未来，基于当前的研究基础和现实背景，对中学音乐与思政课程深度融合的发展趋势和可能性进行深入的分析和展望。这一部分的内容旨在为读者提供一个全面、清晰的研究结论，同时也将揭示未来研究和实践的可能新方向和新挑战，以启发更多的研究者和实践者进行更深入、更广阔的探索。总结与展望的基本架构如图7-1所示。

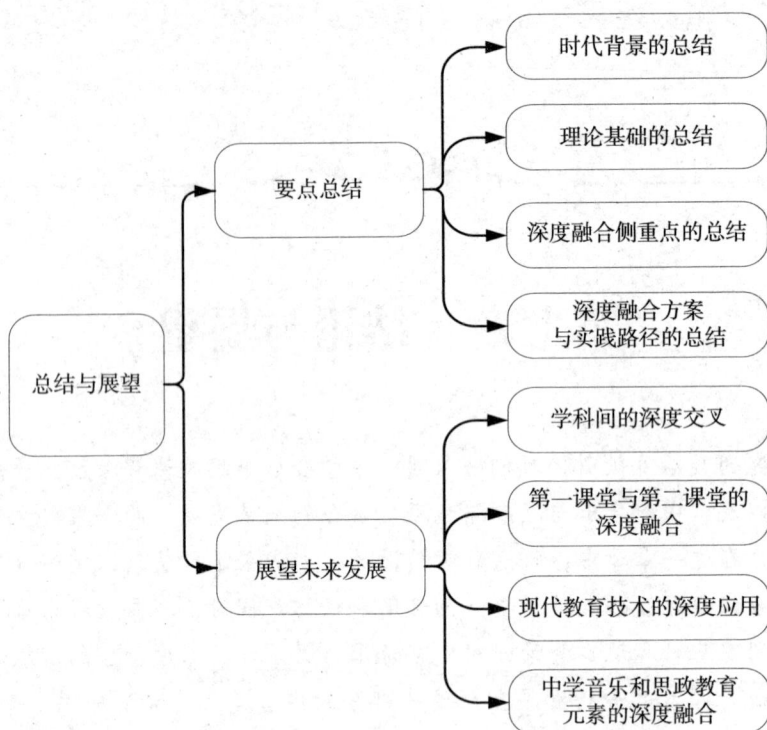

图 7-1　本研究的结论与未来发展

第一节　中学音乐与思政课程深度融合的要点总结

本书的研究涉及中学音乐与思政课程的深度融合，涵盖了教育研究领域的重要议题。经过系统分析与实证研究，我们得出以下四个关键结论。

一、中学音乐与思政课程融合的时代已经到来

经过深入研究，得出一条重要结论，即：音乐教育与思政课程的融合在当前中学教育环境中具有重要意义。其中，通过音乐，中学生的直观认知得到全面提升，他们的感官接收到丰富的艺术熏陶，思维敏锐度和创新能力得到了提升。同时，音乐课堂能够创造出一种独特的氛围，促进中学生思政课程内容的吸收。这种艺术和学科的融合，让学生在感知和欣赏音乐的同时，

深入理解思政课程内容，提高了学习效率。此外，通过音乐的学习和实践，中学生可以形成坚强的意志力，让他们在面对生活的挑战时表现出坚韧的品质和顽强的毅力。这些研究结果表明，中学音乐与思政课程的深度融合是未来教育发展的重要趋势。

（一）全面提升中学生音乐学习中的直观认知

在本研究中，明确指出音乐作为一种独特的艺术形式，拥有深远的教育意义。音乐的直观性和表现力强，能够直接打动人的心灵，从而刺激学生的感知和认知能力。研究表明，音乐对中学生的直观认知的提升具有显著的效果。通过音乐学习，学生能够更深刻地理解和感知世界，更好地发展他们的直观认知能力。音乐学习活动，如演唱、演奏、欣赏、创作等，都能有效地刺激和提升学生的直观认知。同时，音乐学习还可以培养学生的想象力，启发他们的创新思维，从而拓宽他们的认知视野，而这也正是中学音乐与思政课程深度融合的大背景。

（二）音乐课堂促进中学生思政课程内容吸收

在本研究中，已经指出音乐课堂不仅是学习音乐技能和知识的场所，也是培养学生思想道德素质的重要平台。音乐中蕴含丰富的思想观念和社会价值观，通过音乐的学习和欣赏，学生可以在潜移默化中接受和理解这些思想观念和社会价值观。与此同时，音乐课堂的教学活动，如合唱、乐队演奏、音乐剧表演等，都是培养学生团队合作精神和社会责任感的有效途径。此外，音乐学习还可以提升学生的情感表达能力和人文素养，从而进一步促进他们对思政课程内容的吸收和理解，中学音乐与思政课程的深度融合恰恰可以满足这一要求。

（三）促进中学生形成强大意志力

在本书的创作过程中，已明确音乐学习是一个艰辛而又充满乐趣的过程，需要学生具有持之以恒的学习态度和坚定不移的学习决心。在音乐学习的过程中，学生需要面对技能的掌握、知识的积累、作品的创作等各种挑战，这些都需要他们具有坚韧不拔的意志力。同时，音乐学习的过程也是克

服困难、战胜挫折的过程，能够有效地锻炼和提升学生的意志力。另外，音乐学习活动，如音乐比赛、音乐表演等，都是检验和展现学生意志力的重要平台。因此，通过中学音乐与思政课程的深度融合，不仅能全面提升学生的音乐认知能力，提升他们对思政课程内容的理解，还能有效地促进他们形成强大的意志力。

二、我国音乐教育与思政教育结合已经拥有坚实的理论支撑条件

中国古代教育思想与思政教育结合的启示明显，为我们在中学音乐与思政课程的深度融合过程中提供了丰富的哲学资源。近代教育思想为这种融合提供了理论指引，它强调了教育的全面性和人文性，为我们在深度融合过程中提供了有效的策略。当代教育思想的理论支撑作用更是强大，它关注学生的个性化发展，为我们在实施深度融合时提供了有力的理论支持。这些理论基础为中学音乐与思政课程的深度融合铺平了道路。

（一）中国古代教育思想与思政教育结合的启示明显

针对中国古代教育思想进行了系统分析，明确其独特的魅力在于其注重人的全面发展和品德培养，而音乐在其中被视为重要的教育手段。古代教育家们认为音乐具有陶冶情操、净化心灵的功能，可以引导人向善。在这个意义上，思政教育与音乐教育的结合，既是对古代教育思想的继承，也是对其的创新。将音乐与思政教育深度融合，就是在向学生传达课程思政的理念，通过音乐的教育效能，帮助他们树立正确的世界观、人生观和价值观。

（二）中国近代教育思想与思政教育结合的理论指引作用突出

针对中国近代教育思想的研究而言，本书明确指出该思想着重强调科学精神与民主理念，这对于思政教育有着深远的影响。音乐教育作为素质教育的重要组成部分，应当融入这些理念，培养具有独立思考能力、批判思考能力的公民。在音乐与思政教育的融合过程中，教师应将科学精神和民主理念渗透到教学活动中，鼓励学生以开放和包容的心态参与音乐活动，培养他们的批判性思维，以形成全面的思政认识。

（三）中国当代教育思想与思政教育结合的理论支撑作用强大

中国当代教育思想强调以人为本，倡导终身学习和全面发展。音乐与思政教育的融合，正是这种教育理念的具体实践。在实际教学中，教师需要尊重学生的个性，关注他们的需求，提供具有挑战性和创新性的音乐学习活动，同时，借助音乐教育的力量，引导他们理解和认同社会主义核心价值观，培养他们的社会责任感。在这个过程中，当代教育思想提供了强有力的理论支撑，也为实践提供了方向指引。

三、明确侧重点应作为中学音乐与思政课程深度融合的基本前提条件

在本研究中，明确指出实现中学音乐与思政课程的深度融合，必须将明确的原则作为基础。没有统一的原则，就无法确保深度融合的质量和效果。同时，还要将明确的要求和科学的方法作为关键。只有对要求有明确的认识，对方法有科学的理解，我们才能在实践中精确地将音乐与思政课程融合起来。这种对深度融合侧重点的明确认识，为我们的研究提供了重要的方向。

（一）深度融合要有明确的原则作为基础

经过本研究后发现，音乐与思政课程的深度融合不是一种简单的"加法"，而是需要在明确的原则基础上进行的。这些原则主要包括学生为本原则、教育全面发展原则、实事求是原则等。学生为本原则要求教师在课程设计和教学过程中充分考虑学生的兴趣、特长和需求，以增强课程的吸引力和影响力。全面发展原则要求我们在培养学生的音乐技能的同时，也要关注他们思政认识的提升和价值观的引导。实事求是原则要求我们在处理音乐与思政元素的关系时，既要保持音乐的艺术性，也要注意其思政教育的功能。

（二）明确的要求和科学的方法是深度融合的关键

在本研究中，中学音乐与思政课程的深度融合需要在明确的要求和科学的方法指导下进行。这些要求主要涵盖了音乐教育和思政教育的基本目标，例如，提升学生的音乐素养，培养他们的思政素质等。而科学的方法则包括

采用合适的教学方式、教学手段以及评价机制，以实现上述目标。例如，我们可以通过音乐欣赏、音乐创作等活动，引导学生感知和理解音乐中的思政元素。同时，我们也可以通过合理的评价方式，如过程评价、同伴评价等，反馈学生在音乐和思政学习上的进步。这些明确的要求和科学的方法共同保证了音乐与思政课程深度融合的有效性。

四、具体融合方案和实践路径是实现中学音乐与思政课程深度融合的根本保证

在本书中，针对深度融合方案与路径的研究，主要聚焦于资源的深度开发、教育载体的有效利用和评价体系的全面构建。资源的深度开发关乎我们如何充分利用已有资源，进而实现音乐与思政课程的有效融合；教育载体的有效利用则考察我们如何借助多种载体，加深学生对音乐与思政课程的理解；评价体系的全面构建，指引我们更好地评估融合成果。这些要点为我们的研究提供了宝贵的启示，更为深度融合指明了行进的方向。

（一）资源的深度开发

在本研究过程中，针对中学音乐与思政课程深度融合的方案与路径的研究中，明确指出为了实现中学音乐与思政课程的深度融合，深度开发资源具有至关重要的作用。资源的深度开发涵盖了教材、音乐作品、校园文化、社会实践等多方面。教材是教学的重要载体，深度开发教材资源，不仅可以提供丰富的音乐和思政内容，还能提供融合的示例和模式。音乐作品则是音乐教学的主要对象，深度开发音乐作品资源，可以发现更多有助于思政教育的音乐元素。校园文化生活和社会实践则是学生接触和体验音乐与思政的重要途径，深度开发这些资源，可以为音乐与思政的融合创造更多的实践机会。

（二）教育载体的有效利用

教育载体的有效利用是音乐与思政课程深度融合的关键途径。这些载体包括课堂教学、课外活动、网络平台等。课堂教学是音乐与思政融合的主战场，通过设计多元化的教学活动，既可以提升学生的音乐技能，又可以引导

他们进行思政反思。课外活动和网络平台则提供了丰富和灵活的学习空间，可以让学生在更为真实和多样的情境中体验和实践音乐与思政的融合。

（三）评价体系的全面构建

评价体系的全面构建是保障音乐与思政课程深度融合的重要环节。这个评价体系应该以学生的全面发展为目标，考虑到音乐技能的提升、思政素质的提高、情感态度的变化等多方面指标。此外，这个评价体系还应该坚持形成性和终结性评价的有机结合，关注学生的学习过程和学习成果，以反馈和促进学生的持续进步。同时，这个评价体系也应该包含自评、同伴评价、教师评价等多元评价方式，以获取更全面和准确的评价信息。

第二节 中学音乐与思政课程深度融合的未来发展

在未来的中学教育领域，音乐与思政课程深度融合的大势已经初现。我们看到学科间深度交叉的趋势正在加强，音乐与思政教育的边界开始模糊，他们的交叉融合将催生出一种全新的教学模式。同时，第一课堂与第二课堂的融合也成为必然趋势，它们互相补充、互相促进，形成了一个有机的整体。现代教育技术的深度应用也为课程深度融合提供了强大的支撑，比如音乐人工智能的出现使得音乐教育更具个性化，大数据和分析技术的应用则有助于我们精准理解学生的学习需求。最后，音乐与思政元素的深度融合，使得音乐课程不仅仅是技能的学习，更是价值观的塑造。因此，中学音乐与思政课程深度融合的未来发展，必将带来中学教育新的革新和飞跃。

一、学科间的深度交叉

在探索中学音乐与思政课程深度融合的未来路径时，学科间的深度交叉成为不可忽视的趋势。随着教育方式和技术的变革，音乐叙事思政、跨媒介课程设计及音乐课程思政在线学习活动的全面开展，有可能呈现在未来的教学景象中。这些可能性不仅预示着教育的创新和发展，也为我们提供了一种全新的视角，以理解音乐与思政如何在教育中互相融合、相互促进，从而实现教育的全面和深入发展。

（一）音乐叙事思政在中学音乐课程中会出现

融合音乐叙事的思政教育有可能在未来的中学音乐课程中占据一席之地。将音乐和叙事以及思政内容细致地编织在一起，呈现的形式将更具吸引力，而这也会进一步加深学生们对于思政知识的理解与记忆，提高课程的教育效果。具体而言，音乐叙事思政能够让学生更为深入地理解并掌握思政知识。将思政内容与音乐及叙事紧密相连，教师得以将深奥的思政理论和概念用更通俗易懂的方式呈现给学生。以音乐剧的形式为例，学生能够更直观地理解和领悟社会主义核心价值观等重要思政理念。

音乐叙事思政也提升了学生的思政教育参与度和兴趣。大部分学生可能会觉得思政课程乏味，但当这些内容与音乐和叙事相结合时，它们就能变得更加引人入胜。学生可以通过创作和表演音乐剧，亲身参与到思政教育中来，从而提高他们的学习动力和兴趣。

还有一点不可否认，这就是音乐叙事思政也可以提供一个让学生展示自我和发展才能的平台。学生们可以通过创作和表演音乐剧，展示他们的音乐才能和表演技巧，同时也能在实践中深化对思政教育的理解。音乐叙事思政不仅培养了学生的音乐技能和创新思维，还为他们提供了深入理解和体验思政教育的独特机会。

（二）跨媒介的课程设计会映入广大师生的眼帘

随着科技的进步和新媒体的发展，跨媒介的课程设计将在未来的中学音乐与思政课程中发挥重要作用。通过将音乐、视频、图像、文字等多种媒体元素融入课程设计中，教师可以创建出丰富多样、具有互动性的教学内容，提高学生的学习兴趣和教学效果。例如，教师可以利用新媒体技术制作具有思政内容的音乐视频，让学生在观看和收听的同时理解思政知识。或者，教师也可以设计一些基于音乐的思政角色扮演游戏，让学生在游戏中体验和理解思政理念。

在这里，新媒体技术也为教师提供了更多的教学手段和工具，如利用虚拟现实技术进行音乐教学，或利用大数据分析技术对学生的学习行为进行跟踪和分析，以便更好地调整教学策略和提高教学效果。另外，跨媒介的课程设计也能更好地满足学生的个性化学习需求。不同的学生可能对不同的媒体元素有不同的偏好，通过提供多种形式的学习内容，教师可以更好地满足学生的学习需求，提高他们的学习效果和满意度。

（三）音乐课程思政在线学习活动的全面开展

从未来发展的角度来看，音乐课程思政在线学习活动可能会得到全面开展。随着网络技术的发展和在线学习平台的普及，学生可以更方便地接触和学习音乐和思政知识，同时也为教师提供了更多的教学资源和教学方式。教师可以通过在线平台发布音乐思政教学视频，或者设计一些音乐思政在线学习项目，让学生在非课堂时间进行自主学习。例如，教师可以组织一次线上的音乐作品分享会，让学生分享他们创作的包含思政元素的音乐作品，并进行互动交流。与此同时，音乐课程思政在线学习活动也有利于提高教学效果。教师可以利用在线平台的数据分析功能，对学生的学习行为进行跟踪和分析，以便更好地了解学生的学习需求和学习进度，及时调整教学策略和提高教学效果。

在这个过程中，学生不仅可以提高他们的音乐技能和思政理念理解，也可以通过与其他学生的在线交流和合作，提高他们的社交技巧和团队合作能力，为未来社会的发展做好准备。

二、第一课堂与第二课堂的深度融合

面向未来，中学音乐与思政教育正在迎来一场深度融合的革命。混合学习模式、社区参与和服务学习、智能乐器的应用，这些元素都预示着一个新的教育格局正在构建。这不仅涉及教学方式和教育模式的更新，也包含了教育理念和教育目标的深度转变。广大教师可以预见，在这个新格局中，第一课堂与第二课堂的界限将变得模糊，中学音乐与思政教育将形成一种全新的、高度融合的教学模式。

（一）混合学习模式将成为中学音乐与思政课程深度融合的主要方式

在未来，随着教育形态的多样化和个性化，混合学习模式将成为中学音乐与思政课程深度融合的主要方式。混合学习模式指的是线上和线下的学习

资源和教学方式的融合，它既能发挥线上教学资源丰富学习时间和空间灵活等优点，又能利用线下教学环境丰富的社交互动、实际操作等优势，充分满足学生个性化和多元化的学习需求。以中学音乐课程为例，线上部分可以利用数字化技术提供音乐理论知识的学习，比如通过互动式的音乐理论课程，让学生自主学习音乐知识；而线下部分，则可以设置音乐创作、表演等实践环节，利用真实的乐器和表演场地，让学生深入体验音乐创作和表演的过程。同样，思政课程也可以采取混合学习模式。线上部分可以通过多媒体、虚拟现实等技术，为学生展示政治理论知识的实际应用，增强学生的理论学习兴趣；而线下部分，则可以通过课堂讨论、角色扮演等方式，让学生在实际操作中学习和理解思政知识，培养其独立思考和批判性思维的能力。

（二）社区参与和服务学习应成为中学音乐课程教学的重要途径

随着社区教育理念的推广和实践，社区参与和服务学习正逐渐成为中学音乐课程教学的重要途径。这是因为社区参与和服务学习不仅能增强学生的社会责任感和公民意识，还能在实践中加深对音乐和思政知识的理解。具体而言，社区参与可以让学生在参与社区活动的过程中，了解音乐在社区中的实际应用和作用，比如通过参与社区的音乐节或音乐会，学生可以了解到音乐如何传递社区文化，如何拉近社区居民的关系等。同时，社区参与也可以为思政教育提供真实的社会背景，让学生在实际社会环境中了解和体验政治理论的实际运用，比如通过参与社区的公益活动，学生可以了解到公民的社会责任，了解社会公平和公正的重要性等。服务学习则是一种以解决社区问题为目标的教育方式，它可以让学生在服务社区的过程中，将音乐知识和思政知识付诸实践，比如学生可以通过组织音乐公益演出，既能运用音乐知识为社区提供服务，又能实践社会责任和公民精神。同时，服务学习也可以培养学生的团队合作和社会交往能力，进一步促进其全面发展。

（三）智能乐器的应用成为中学音乐第一课堂与第二课堂的深度融合剂

随着科技的发展，智能乐器已经逐渐进入人们的视野，并在一定程度上改变了音乐教学的方式和内容。智能乐器具有丰富的教学资源，自动演奏和评估功能等特点，这不仅为音乐教学提供了新的可能，也使得音乐第一课堂与第二课堂的深度融合成为可能。在第一课堂中，教师可以利用智能乐器的自动演奏和评估功能，引导学生学习乐器演奏技巧，同时也可以利用其丰富的教学资源，帮助学生理解和掌握音乐理论知识。这样，学生不仅能在课堂上掌握乐器演奏技巧，还能通过智能乐器的自我学习和评估，进一步提高音乐素养。在第二课堂中，智能乐器则可以作为学生自主学习和创作的工具。学生可以在课后利用智能乐器的自动演奏功能，练习和掌握乐器演奏技巧；也可以利用其丰富的教学资源，自主学习和创作音乐。通过这样的方式，音乐第一课堂与第二课堂的教学内容和方式可以实现深度融合，进一步提高学生的音乐素养。同时，智能乐器的应用也为思政教育提供了新的可能。例如，通过智能乐器的自动演奏和评估功能，教师可以将思政知识融入音乐教学中，如通过音乐剧的形式讲述历史事件，既能让学生感受到音乐的魅力，也能让他们了解和理解思政知识。

三、现代教育技术的深度应用

在未来中学教育发展道路中，音乐与思政课程的深度融合必将借助现代教育技术的力量。音乐人工智能、虚拟现实技术、全球在线协同教学以及大数据和分析技术等工具，都将作为推动这一进程的重要手段。这些新兴技术的应用不仅将推动教育方式和教学模式的变革，更将深化音乐与思政课程的内在联系，为中学生提供更全面、更立体的学习体验。

（一）音乐人工智能在思政教育中的应用

在现代社会中，人工智能技术的发展正在深刻地影响和改变着我们的生活和学习方式。其中，音乐人工智能的应用更是引发了教育领域的新思考。对于音乐教育而言，音乐人工智能可以创作出各种类型和风格的音乐，这对于提升学生的音乐学习兴趣，以及培养学生的音乐素养具有重要的促进作用。对于思政教育而言，如果能将人工智能创作的音乐和思政教育内容相结合，那么就可能会产生一种新的、有效的教学方式。

人工智能的应用可以在中学音乐教学中创造出富有创新性的教学内容，比如利用音乐人工智能创作出具有思政教育内涵的音乐作品。这样的音乐作品让学生在欣赏音乐的同时，也能感受到思政教育的深意。此外，通过人工智能创作的音乐作品，可以让思政教育以一种更贴近学生生活、更符合学生兴趣的方式进行。人工智能在音乐教学中的应用，还能对思政教育的教学方式进行一种创新。传统的思政教育方式，往往依赖于语言的表达和传递，而语言的理解和接受，受到个体认知差异和理解能力的影响，效果可能会有所不同。而音乐作为一种直观的艺术表达方式，其感染力和共鸣力强于语言，能够更好地打动学生的心灵，从而达到思政教育的目的。

（二）虚拟现实技术在音乐与思政课程中的融合

虚拟现实技术（VR）是一种能够创建和体验虚拟世界的计算机模拟系统。它可以通过人机交互设备，让用户仿佛置身于一个真实的三维空间。随着科技的发展，虚拟现实技术正在逐渐进入教育领域，并展现出巨大的潜力。音乐与思政课程的融合，就是其中的一个重要应用方向。

在中学音乐教学中，虚拟现实技术可以创造出各种音乐场景，让学生置身其中，增强学习的沉浸感。例如，教师可以利用虚拟现实技术，让学生体验音乐会的现场气氛，或者亲身参与到音乐剧的演出中。这不仅能提高学生的学习兴趣，还能增强学生的音乐素养和审美能力。在中学思政教育中，虚拟现实技术的应用，可以将思政教育的理论知识转化为生动的、具象的虚拟现实体验。再如，教师可以设计出各种思政课程的虚拟现实场景，让学生在虚拟现实中亲身体验历史事件，感受思想理论的内涵。这不仅能提高学生的思政教育效果，还能让学生在体验中感受思政教育的魅力。

（三）全球在线协同教学的实现

在现代社会，网络技术的发展使得教育的边界正在不断扩大。全球在线协同教学的理念应运而生。全球在线协同教学，即利用网络平台，实现全球范围内的教师和学生之间的协同教学。在音乐与思政课程中，全球在线协同教学的实现可以为学生提供更丰富的学习资源和更广阔的学习视野。学生可以听到来自世界各地的教师的讲解，体验不同的教学方法和教学思想。同时，学生也可以与来自世界各地的其他学生进行交流和讨论，扩大自己的国际视野和增强跨文化交际能力。

还有一点值得高度关注，即：全球在线协同教学也可以为音乐与思政课程的教学内容提供更大的发展空间。教师可以结合各国的音乐文化和思政教育实践，设计出具有全球视野的音乐与思政课程内容，这不仅能增加课程的学习兴趣，也能提升课程的教育效果。

（四）大数据和分析在个性化教学中的应用

在信息化社会，大数据已经成为一种重要的资源和工具。大数据的应用，使得我们可以对教学活动进行更深入、更全面的理解和分析，从而为教学改进提供更有效的支持。在音乐与思政课程中，大数据和分析的应用，主要体现在个性化教学的实现上。

通过大数据和分析，教师可以获取到每个学生的学习数据，包括学习行为、学习效果、学习兴趣等多维度的数据。通过对这些数据的分析，教师可以了解到每个学生的学习特点，从而为每个学生设计出符合其学习特点的个性化教学方案。与此同时，大数据和分析还可以帮助教师对音乐与思政课程的教学效果进行评估。通过对学生的学习数据进行分析，教师可以了解到课程的教学效果，从而对教学方案进行及时的调整和优化。

四、音乐与思政元素的深度融合

未来发展的中学音乐与思政课程将面临全新的挑战与机遇，尤其是在音乐与思政元素的深度融合方面。随着人工智能（AI）技术的突飞猛进，我们有理由相信，人工智能技术将从根本上颠覆我们对音乐与思政元素深度融合的理解，从而将教学模式推向一个全新的高度。音乐制作软件的发展则为中学生提供了一个创新性的平台，他们可以在此基础上将音乐与思政元素进行创新性的深度融合，以展现他们对音乐和思政的理解和创造力。同时，新媒体艺术的发展也为音乐与思政元素的深度融合架设了桥梁，通过这座桥梁，学生们可以跨越传统课程的边界，实现音乐与思政教育的有机融合。

（一）利用人工智能（AI）技术改变音乐与思政元素深度融合的视角

人工智能技术的发展已经对各行各业产生了深远影响，教育领域也不例外。在音乐与思政课程的融合中，我们可以运用人工智能技术去改变传统的教学视角，从而实现元素的深度融合。以往，音乐和思政两个学科的教学通常是分离的，学生在各自的课堂上学习相应的知识。但是现在，通过人工智能技术，我们可以将音乐与思政的教学内容相结合，形成一种全新的教学模式。例如，人工智能可以通过学习大量的音乐作品和思政教育素材，分析出其中的模式和趋势，然后将这些信息反馈给教师和学生，帮助他们更好地理解和掌握这两个学科的内容。另外，人工智能还可以用于个性化教学。每个学生的学习能力和兴趣都是不同的，因此，一个统一的教学方法并不适合所有人。人工智能可以通过对每个学生的学习情况进行分析，提供针对性的教学内容和方法，从而使音乐与思政的教学更加精准和有效。

（二）利用音乐制作软件为中学生提供音乐与思政元素深度融合新平台

随着信息技术的发展，音乐制作软件已经变得越来越普及，这为中学生提供了一个全新的学习平台，可以在上面进行音乐与思政元素的深度融合。例如，学生可以在音乐制作软件中创作自己的音乐作品。这不仅可以锻炼他们的音乐技能，也可以让他们在创作过程中思考和表达自己的思想和观点。通过将音乐与思政教育相结合，学生可以在享受音乐创作乐趣的同时，也接受思政教育的熏陶。还有一点需要引起广大教师高度重视，即音乐制作软件也可以作为教学工具使用。教师可以在软件中设计和制作教学内容，比如通过音乐来解释和展示思政教育的主题和理念。这种教学方式既生动有趣，又能深入人心，可以有效提高学生的学习兴趣，改善学习效果。

（三）通过新媒体艺术为中学音乐与思政元素深度融合架设桥梁

新媒体艺术是近年来发展起来的一个新领域，它将艺术与科技相结合，创造出了许多新的表现形式。在中学音乐与思政元素的深度融合中，新媒体艺术可以起到架设桥梁的作用。具体的作用表现在两方面：一是新媒体艺术的多样性和创新性使得它成了吸引学生的有效工具。通过新媒体艺术，我们可以将音乐与思政的教学内容以全新的方式呈现出来，使学生在欣赏艺术的同时，也能理解和接受思政教育的内容。二是新媒体艺术的互动性也可以增强学生的学习体验。例如，我们可以利用虚拟现实技术，让学生在虚拟的环境中体验音乐创作或进行思政教育的活动。这种互动的学习方式可以让学生更加主动地参与到学习中来，也更容易引起他们的兴趣。

参考文献

[1] 喻意志.中国音乐史（第2版）[M].长沙：湖南文艺出版社，2011.

[2] （元）陈澔.礼记集说[M].南京：凤凰出版社，2010.

[3] 傅佩荣.孟子的智慧[M].北京：中华书局，2009.

[4] 当代中国音乐编辑委员会.当代中国音乐[M].北京：当代中国出版社，2009.

[5] 刘靖之.中国学校音乐课程发展[M].上海：上海音乐出版社，2011.

[6] 缪裴言.中学音乐教育文萃[M].北京：北京工业大学出版社，1996.

[7] 马东风，张瑾.音乐教育理论与科研方法论[M].北京：中国言实出版社，2014.

[8] 王安国.从实践到决策 我国学校音乐教育的改革与发展[M].广州：花城出版社，2004.

[9] 程煜.音乐课程与教学论[M].广州：广东高等教育出版社，2014.

[10] 教育部基础教育司.音乐课程标准研修[M].北京：高等教育出版社，2004.

[11] 付才瑞."课程思政"融入高中音乐歌唱模块的研究[D].呼和浩特：内蒙古师范大学，2022.

[12] 余然.高中音乐课堂的课程思政研究[D].重庆：西南大学，2022.

[13] 贾圆.课程思政视域下党史教育融入高中"音乐鉴赏"课的探索与实践[D].绍兴：绍兴文理学院，2022.

[14] 冯正官.高中《音乐鉴赏》融入"课程思政"的实践探究[D].兰州：西北师范大学，2022.

[15] 唐灿城.高中音乐鉴赏课程思政化研究[D].厦门：集美大学，2022.

[16] 伍慧敏.高中音乐鉴赏"课程思政"的教学探究 [D].海口：海南师范大学，2022.

[17] 李沐函.思政视域下高中音乐鉴赏教学设计与实践研究 [D].石家庄：河北师范大学，2022.

[18] 伍慧敏.高中音乐鉴赏"课程思政"的教学探究 [D].海口：海南师范大学，2022.

[19] 辛昊雨.湘鄂西洪湖苏区红色歌谣音乐校本课程开发的实践探究 [D].荆州：长江大学，2022.

[20] 成芷婷.中国钢琴作品在音乐教育专业的思政应用研究 [D].荆州：长江大学，2022.

[21] 王莹，张波，滕跃民."三维五动"模式音乐鉴赏课程思政探索研究 [J].辽宁高职学报，2023，25（4）：41-44.

[22] 刘鸿，潘映昆.中小学音乐课程思政的实施策略 [J].中国教育学刊，2023（4）：107.

[23] 聂愿青."课程思政"背景下红色音乐融入音乐景观导赏课程研究 [J].大众文艺，2023（4）：112-114.

[24] 庄珺榆.课程思政背景下中职音乐课程教学实践 [J].亚太教育，2023（4）：91-93.

[25] 邱桂香.新文科与课程思政建设背景下高师西方音乐史教学问题探讨 [J].中国音乐教育，2023（2）：30-38.

[26] 杨羽."音乐鉴赏"课程思政教学改革的实践与思考 [J].扬州职业大学学报，2022，26（4）：66-68.

[27] 周游.音乐艺术课程思政元素的深入挖掘及应用 [J].中学政治教学参考，2022（45）：99.

[28] 邱国明，何子威.《音乐分析》课程中融入课程思政元素的若干思考 [J].乐器，2022（12）：35-37.

[29] 陈新凤，孙乔楚.将科研融入课程思政教学——以《唱支山歌给党听》音乐分析为例 [J].中国音乐教育，2022（12）：42-48.

[30] 谷玥，祝宇轩.课程思政与中职音乐教学的融合创新探索——评《核心素养下的音乐教学研究》[J].科技管理研究，2022，42（21）：258.

[31] 王宇.课程思政教育改革要求下音乐课堂的教学设计[J].艺术评鉴,2022(13):105–108.

[32] 曹霄洁.中小学音乐学科课程思政的实践思考[J].音乐天地,2022(7):16–19.

[33] 成华.渗透课程思政的音乐课程教学实践——评《课程思政:从理念到实践》[J].中国教育学刊,2022(6):121.

[34] 韩占坤.以红色音乐文化提升器乐合奏课程思政质量的实践探寻[J].阴山学刊,2022,35(2):107–112.

[35] 胡晓勤.音乐欣赏中的美育与课程思政创新融合发展研究[J].集宁师范学院学报,2022,44(2):36–39.

[36] 窦霖."课程思政"理念下音乐教育协同育人模式探究[J].船舶职业教育,2021,9(6):32–34.

[37] 李汶轩.《中外音乐欣赏》课程思政设计与实践[J].产业与科技论坛,2021,20(21):202–203.

[38] 许泽民.音乐教育融入课程思政的创新策略分析[J].艺术评鉴,2021(18):134–136.

[39] 张春博.课程思政理念下红色歌曲在音乐教学中的应用[J].北华大学学报(社会科学版),2021,22(5):139–144,156.

[40] 刘华清,周佳樑."课程思政"背景下音乐学课程融合地方民族红色文化的教学实践与研究[J].中国民族博览,2021(13):81–82.

[41] 温文.课程思政理论研究与应用——以"音乐文化"课程为例[J].济南职业学院学报,2021(2):84–86.

[42] 贾斯棋.论红色经典音乐在音乐课程思政中的融入[J].公关世界,2020(24):151–152.

[43] 黄茜,刘旭光.音乐艺术课程思政元素的挖掘与运用[J].学校党建与思想教育,2020(24):73–74.

[44] 刘雅琴,李焱.试论抗战歌曲在音乐课程思政工作中的作用——以歌曲《长城谣》为例[J].山西广播电视大学学报,2020,25(3):41–44.

[45] 冯继.音乐非遗进课堂与文化自信的提升——音乐课程思政育人模式探究[J].当代音乐,2020(9):171–173.

[46] 赵霞.浅谈中小学音乐课程思政的实现路径[J].中国音乐教育，2020（7）：45–48.

[47] 夏夏.课程思政实践中生态文化与音乐美育融合初探[J].大众文艺，2020（5）：193–194.

[48] 李云鹏."音乐创编与制作基础"的课程思政改革路径研究[J].艺术评鉴，2020（2）：59–61.

[49] 杨慧芳.中国传统音乐教学中"课程思政"路径探索[J].艺术评鉴，2019（22）：80–81.

[50] 赵楠楠.浅析新四军音乐进入音乐课堂的意义——运用音乐课程标准以课程思政为方针[J].艺术评鉴，2019（19）：116–117.

[51] 刘伟.音乐课程深度融入思政元素探讨[J].中学政治教学参考，2023（10）：83.

[52] 袁昊昱，贾佳.中国音乐学院"中国乐派8+1、思政+X"课程体系建设学术研讨会会议综述[J].中国音乐，2022（5）：183–185.

[53] 谢霓.中国早期艺术歌曲教学课程思政育人功能探析[J].音乐教育与创作，2022（9）：8–11.

[54] 杨思婕.课程思政理念下中小学音乐课融入"新学堂乐歌"的实践与研究[J].艺术教育，2022（8）：273–276.

[55] 杨越如，孙丝丝.音乐艺术课程思政资源的挖掘与应用[J].中学政治教学参考，2022（21）：96.

[56] 吴璇，冯飞洋.《音乐鉴赏》课程中思政元素融入与研究[J].艺术评鉴，2022（5）：110–112.

[57] 安雅文.课程思政下山西红色音乐文化在高职音乐教育中的创·承研究[J].中国民族博览，2021（20）：85–87.

[58] 付广慧.论流行音乐文化特性和歌词的美育价值——兼谈《流行歌词》课程思政的实践[J].职大学报，2020（5）：21–30.

[59] 杨国栋.中等职业学校音乐课课程思政建设初探[J].北方音乐，2020（13）：158–159.

[60] 吴璇，夏晨庚.《音乐鉴赏》课程与思政教育的结合探究[J].艺术评鉴，2020（2）：56–58.